AF550115

Rieke Detlefs

Sodbrennen und Reflux

– KOCHBUCH –

Alle Ratschläge in diesem Buch wurden vom Autor und vom Verlag sorgfältig erwogen und geprüft. Eine Garantie kann dennoch nicht übernommen werden. Eine Haftung des Autors beziehungsweise des Verlags für jegliche Personen-, Sach- und Vermögensschäden ist daher ausgeschlossen.

Email: info@edition-lunerion.de
www.edition-lunerion.de

Psiana eCom UG
Berumer Str. 44
26844 Jemgum

Vorwort

Kaum hat man sich einmal etwas Leckeres gegönnt, folgt die Strafe auf dem Fuß: und zwar in Form von Sodbrennen – schwupp, und der Genuss ist vorbei. Das kennen Sie nur zu gut? Dann kommt hier eine tolle Nachricht: Denn mit cleverer Ernährung können Sie das Leiden ganz einfach bekämpfen und wie das mit jeder Menge Genuss und Geschmack klappt, zeigt Ihnen dieses Kochbuch!

Anatomische Ursachen, Medikamente, Stress, fettreiche Mahlzeiten, Übergewicht und weitere Faktoren können der Auslöser für typische Reflux-Beschwerden sein: saures Aufstoßen, Brennen, Übelkeit oder Völlegefühl schränken dann die Lebensqualität erheblich ein – doch das muss nicht sein. Denn wenn Ihr Magen sauer auf Sie ist, lässt er sich mit der richtigen Nahrung leicht besänftigen, und mit diesen Rezepten geht das ganz ohne Verzichtsgefühl. Ob Fisch oder Fleisch, Veggie-Gerichte, Salate und Suppen oder sogar Desserts, bei der magenfreundlichen Ernährung können Sie genüsslich aus dem Vollen schöpfen und entdecken abwechslungsreiche Leckereien, die genau auf Ihre Magenprobleme zugeschnitten sind.

Guten Appetit!

INHALT

Alles rund um Sodbrennen & Co.

SAURES AUFSTOSSEN, SODBRENNEN, REFLUX

Wer darunter leidet, kennt das Problem: Nach einer Mahlzeit, im Liegen, bei körperlichen Anstrengungen beginnt das unangenehme Brennen in der Speiseröhre. Die typischen Symptome sind ein brennendes Gefühl hinter dem Brustbein, Völlegefühl im Oberbauch, Aufstoßen von saurem Mageninhalt, unangenehmer Geschmack im Mund bis hin zu vermehrtem Speichelfluss und Übelkeit. Ungefähr 20 % der deutschen Bevölkerung leiden mehr oder weniger stark unter Sodbrennen – von gelegentlich bis ständig. Was dahintersteckt und wie es dazu kommt, erfahren Sie in diesem Kapitel.

Sodbrennen (Pyrosis) bezeichnet das Symptom, die dahinter steckende krankhafte Veränderung nennt man Refluxkrankheit – das Zurückfließen gegen die Strömungsrichtung.

Anatomisch besteht der Magen aus einer Art Hohlmuskel, mit 2 ihn verschließenden ringförmigen Schließmuskeln: dem Ösophagus-Sphinkter, der die Speiseröhre zum Mageneingang hin abdichtet, und dem Pylorus-Sphinkter, der als Öffnung zum Zwölffingerdarm dient. Beide Schließmuskeln öffnen und schließen sich bei Bedarf, d. h., wird Nahrung beim Schlucken durch die Speiseröhre Richtung Magen transportiert, öffnet sich der Ösophagus-

Sphinkter, um den Nahrungsbrei in den Magen zu lassen, und schließt sich anschließend sofort wieder, um keinen sauren Mageninhalt zurück in die Speiseröhre fließen zu lassen. Anders als der Magen hat die Schleimhaut der Speiseröhre nämlich keinen Schutz gegen die äußerst angriffslustige Magensäure und würde bei dauerhaftem Kontakt damit oberflächlich beschädigt. Die „Strömungsrichtung" in diesem System geht somit vom Mund über die Speiseröhre in den Magen – und nicht umgekehrt!

Der Magenausgangsmuskel bleibt so lange verschlossen, bis der im Magen angekommene Nahrungsbrei genügend vorverdaut ist und durch die Peristaltik (wellenförmige Bewegung) des Magens gut mit aufspaltenden Enzymen durchgearbeitet wurde. Dann öffnet sich der untere Schließmuskel und transportiert den Nahrungsbrei zur weiteren Verdauung in den Darmtrakt.

Sind in diesem System Fehler vorhanden, funktioniert die Mechanik z. B. nicht richtig oder sind chemische Prozesse außer Rand und Band, dann kann es zum Rückfluss (Reflux) von Mageninhalt in die Speiseröhre führen – und das leidige Sodbrennen macht Ihnen Probleme.

DIE URSACHEN

Im funktionierenden Magen-Schließmuskel-System sind die Abläufe Essen – Schlucken – Vorverdauen – Verdauen problemlos aufeinander abgestimmt. Die Spannung der Schließmuskeln ist genau so hoch, dass sie sich problemlos bei Bedarf öffnen und wieder verschließen. Die Peristaltik (wellenförmige Bewegung) von Speiseröhre und Magen sind gut aufeinander abgestimmt und es kommt weder direkt nach den Mahlzeiten noch im Liegen zum Zurückfließen von Mageninhalt in die Speiseröhre. Was aber macht nun den Unterschied?

Anatomische Ursachen

Der Mageneingang ist durch eine Lücke im Zwerchfell, durch die im Normalfall gerade die Öffnung der Speiseröhre passt, zusätzlich umschlossen. Außerdem fixiert ein festes, sehnenähnliches Bindegewebsband die Speiseröhre an der Durchtrittsstelle und die spiralige Muskulatur der Speiseröhre selbst begrenzt den Querschnitt der Öffnung. Ein Venengeflecht am unteren Ende der Speiseröhre ist im Ruhezustand mit Blut gefüllt und wirkt zusätzlich wie eine Art Schwellkörper, der die Magenöffnung abdichtet.

Die Spannung des Schließmuskels ist entscheidend dafür, wie gut dieser den Mageneingang abdichten kann. Schließmuskeln müssen sich sowohl an- als auch entspannen können; beim Schlucken zum Beispiel muss die Spannung nachlassen, damit sich der Muskel öffnen kann, um sich direkt danach wieder zu verschließen. Ist nun die Spannung (Tonus) des Schließmuskels allgemein herabgesetzt, bleibt die Öffnung nur unvollständig verschlossen und es kann Mageninhalt nach oben und somit in die empfindliche Speiseröhre gelangen.

Auch eine Lücke (Hernie) im Zwerchfell, bei der Magenanteile nicht im Bauchraum bleiben, sondern in den darüberliegenden Brustraum drängen, können Ursache für die Refluxkrankheit sein.

Medikamente

Schmerzmittel, Herzmedikamente und weitere Medikamente, wie z. B. gegen Asthma oder Harninkontinenz, können durch ihre Wirkweise den Spannungszustand des Magenschließmuskels herabsetzen. Sie hemmen die Reizweiterleitung an bestimmten Nervenrezeptoren, die unter anderem auch für die An- und Entspannung des Magenschließmuskels verantwortlich sind.

Stress, Aufregung, Angst

Da uns im wahrsten Sinne des Wortes starke Gefühle „auf den Magen schlagen“ können, sind auch übermäßiger Stress, Ausnahmesituationen oder dauerhaft angespannte Gemütslagen sehr dazu geeignet, uns aus dem Gleichgewicht zu bringen. Der Magen reagiert mit Über- oder Unterproduktion von Magensäure, die Reizweiterleitung an die Magenschließmuskeln kann gestört sein. Durch verlangsamte Magenbewegung verbleibt Gegessenes deutlich länger im Magen, der Weitertransport in den Dünndarm verzögert sich und so kann Mageninhalt zurück Richtung Speiseröhre gelangen. Somit kommt zu allem anderen Übel auch noch Sodbrennen und Übelkeit.

Übergewicht

Größere Fettanteile im Bauchraum führen zu erhöhtem Druck auf den Verdauungstrakt und begünstigen eine Refluxkrankheit.

Rauchen, Alkohol, große Mahlzeiten

Rauchen reizt die Schleimhaut der Speiseröhre zusätzlich und verschlimmert Sodbrennen. Alkohol und Nikotin setzen darüber hinaus die Spannung des Magenschließmuskels herab und begünstigen so den Reflux. Große, fettreiche und zu spät verzehrte Mahlzeiten belasten das Verdauungssystem bekanntlich, bei der Refluxkrankheit kann diese Art der Ernährung zu einer dauerhaften Schwächung des Verschlusssystems des Magens führen. Ein hoher Zuckergehalt der Nahrung führt dauerhaft ebenfalls zu einer Herabsetzung des Schließmuskeltonus.

Schwangerschaft

Durch die hormonellen Veränderungen, die Herabsetzung der Bindegewebsspannung und den zunehmenden Druck im Bauchraum kann auch eine Schwangerschaft zu belastenden Reflux-Symptomen führen, wie ein großer Teil von werdenden Müttern aus eigener Erfahrung weiß. Da in dieser Zeit medikamentös eher sehr zurückhaltend therapiert wird, leiden ca. 1–2 % aller Schwangeren an einer sogenannten Reflux-Ösophagitis, also einer Entzündung der Speiseröhre aufgrund des Rückflusses von Magensäure.

DIE RISIKEN

Gelegentliche Attacken von Sodbrennen sind in der Regel eher lästig als problematisch: Nach üppigen, schwer verdaulichen Mahlzeiten, vielleicht noch mit Alkoholgenuss kombiniert, kennen viele Menschen das anschließende Völlegefühl, Brennen und Druck im Oberbauch oder Brennen in der Speiseröhre und Kratzen im Hals. Ist die Nahrung verdaut, legen sich die Beschwerden meist wieder, auch ohne Behandlung. Gelangt aber regelmäßig immer wieder und dauerhaft ätzende Magensäure in die Speiseröhre, so kommt es an der empfindlichen Schleimhaut zu kleinen Verletzungen (Läsionen). Die umgebenden Bereiche können sich entzünden, vernarben und schlimmstenfalls Teile der Speiseröhre verengen. Betroffene leiden dann unter vermehrten Schluckbeschwerden. In seltenen Fällen können sich die verletzten Schleimhautbereiche bösartig verändern und zum Speiseröhrenkrebs führen.

Sind Sie häufiger betroffen von Sodbrennen, dann sollten Sie die nächsten Kapitel aufmerksam durchlesen. Es gibt mehrere Ansätze, wie Sie dem Übel mit dem sauren Magen begegnen können – und zu Ihrem ganz persönlichen Wohlbefinden zurückfinden! Schieben Sie es nicht auf die lange Bank – die ersten Schritte sind einfach und unkompliziert.

DIAGNOSTIK

Die erste Diagnostik machen Sie bereits selbst: Sodbrennen ist ein so auffälliges Symptom, dass es nie übersehen werden kann. Aufstoßen von saurem Mageninhalt, der üble Geschmack im Mund, das Brennen im Hals und hinter dem Brustbein – betrifft Sie das häufiger, dann werden Sie selbst schon automatisch bestimmte Situationen analysiert haben, in denen die Symptome auftreten. Dass diese meist mit der Nahrungsaufnahme zu tun haben, zeigt sich schnell. Was habe ich gegessen, bevor mein Magen rebelliert? Welche Kombinationen von Nahrungsmitteln führen fast immer zu Sodbrennen? In welchen Situationen treten die Beschwerden gehäuft auf? Die meisten Betroffenen lassen von sich aus dann bestimmte Nahrungsmittel erst einmal weg oder verändern ihre Essgewohnheiten, bis sich die Beschwerden lindern. Schon der Verzicht auf zu große Mahlzeiten führt bei den meisten zu einer deutlichen Verbesserung. Erfahrungsgemäß „therapieren" viele Betroffene ihre Refluxkrankheit relativ lange allein, mit verschiedenen Hausmitteln oder frei verkäuflichen Säureregulatoren, dazu später mehr. Ich kenne Menschen, die seit Jahren regelmäßig, das heißt jeden Tag, verschiedene Mittel wie Natron (Bullrich Salz) oder Lutsch- und Kautabletten, Gele und Suspensionen zu sich nehmen, um das unangenehme Brennen zu bremsen. Der Rat ist sehr eindeutig: Leiden Sie häufig, das heißt mehr als 1- bis 2-mal wöchentlich, an Sodbrennen, vereinbaren Sie einen Termin bei einem Gastroenterologen! Nur dieser kann erkennen, ob sich durch den Rückfluss von ätzender Magensäure bereits Verletzungen an Ihrer Speiseröhren-Schleimhaut zeigen. Das Risiko für Vernarbungen und eine eventuell bösartige Veränderung der betroffenen Areale kann durch sehr einfache Methoden ausgeschlossen werden.

Anamnese

Durch ein ausführliches Gespräch versucht der Facharzt zunächst, herauszufinden, wie stark ausgeprägt die bei Ihnen vorliegenden Symptome sind. Dabei hilft, wenn Sie selbst bereits eine Art Tagebuch einbringen können: Wann treten die Beschwerden auf, wie äußern sich diese, was ging voraus, wie ist Ihre allgemeine Lebenssituation? Anhand dieser Anamnese rät Ihnen der Arzt zu weiteren Maßnahmen. Sprechen Sie ihn auch auf einen Test auf den Magenkeim **Helicobacter pylori** an. Durch einen einfachen Test kann die Besiedlung mit diesem Keim nachgewiesen und ggf. mit Antibiotikum behandelt werden.

Protonenpumpenblocker-Test

Der Arzt kann Ihnen über mehrere Tage ein Medikament verordnen, das die Magensäureproduktion hemmt. Sprechen Sie darauf an und Ihre Beschwerden verschwinden, ist oft hier schon die Diagnostik beendet – was die Ursachen leider nicht behebt. Dazu später mehr.

Endoskopische Untersuchung

Bei starken Beschwerden, auch bei sehr häufig auftretendem Sodbrennen, wird der Arzt Ihnen zu einer Spiegelung der Speiseröhre und des Magens raten. Dabei wird mittels einer kleinen Kamera ermittelt, wie stark der Rückfluss von Mageninhalt ist und ob die Speiseröhre bereits krankhafte Veränderungen zeigt. Oftmals wird dabei bereits eine kleine Gewebeprobe entnommen und histologisch untersucht.

Steht bei Ihnen die Diagnose Refluxkrankheit oder GERD (gastroösophageale Refluxkrankheit) fest, sind die nächsten Schritte die Behandlung derselben.

BEHANDLUNG

Der Ansatz der Behandlung geht über den klassisch-medizinischen bei vielen Ärzten leider nicht hinaus. Da der Patient aber der wichtigste Teil einer Behandlung ist, werden Sie in diesem Kapitel auch Ihre eigene Rolle in der Stärkung und Gesundung Ihres Magentraktes erfahren.

Medikamentöse Behandlung

In der Behandlung mit verschiedenen Medikamenten erfahren die meisten Betroffenen eine schnelle Linderung oder Beschwerdefreiheit, ohne die Begleitumstände ändern zu müssen. Die wichtigsten Wirkstoffgruppen sind

- Antazida,
- H2-Blocker,
- Protonenpumpenhemmer.

Antazida wirken über eine chemische Reaktion direkt im Magen, sie neutralisieren wie ein Puffer die Säure des Magensaftes und sind in der Regel gut verträglich, z. T. auch für die Anwendung in der Schwangerschaft geeignet und frei verkäuflich. Einige Produkte haben daneben auch noch einen die Schleimhaut schützenden Effekt. Antazida eignen sich insbesondere für Betroffene, die nur gelegentlich, z. B. nach einer großen Mahlzeit, unter Sodbrennen leiden.

H2-Blocker hemmen die Freisetzung von Magensäure, indem sie die Zellen blockieren, die die Magensäure produzieren. Der Mageninhalt wird weniger sauer; fließt dennoch etwas davon zurück in die Speiseröhre, ist der Schaden deutlich geringer. H2-Blocker eignen sich für Menschen, die regelmäßig, d. h. mehr als 2-mal wöchentlich, unter Sodbrennen leiden. Oft sind sie rezeptfrei erhältlich, allerdings sollten diese Medikamente eigenverantwortlich nur maximal einige Tage eingenommen werden. Der Arzt kann sie für längere Zeiträume verordnen.

Protonenpumpenhemmer (PPI) greifen in ihrer Wirkweise an den sogenannten Pumpen an, die für die Beförderung von Magensäure in den Magen verantwortlich sind. Werden diese in ihrer Wirkung gehemmt, gelangt weniger Magensäure in den Magen. Die meisten Betroffenen erfahren schon durch die Einnahme einer Tablette täglich deutliche Besserung, da die Wirkung lange anhält. Einige der PPI sind frei verkäuflich; nach maximal 14 Tagen sollten sie aber nur in Rücksprache mit dem Arzt weiter eingenommen werden bzw. die Ursache für das Sodbrennen sollte weiter abgeklärt werden.

Pflanzliche Heilmittel

Auch die Pflanzenwelt hält lindernde und den Magen stärkende Substanzen bereit; in Form von Tropfen, Tees oder Lösungen sind diese gut verträglich und auch bereits bei Kindern anwendbar. Die gängigsten Beispiele sind Kamille, Ingwer, Süßholz, Bittere Schleifenblume, Fenchel, Angelika (Engelwurz) und Eibischwurzel. Ratsam ist, diese pflanzlichen Heilmittel immer in Apothekerqualität zu verwenden; in Supermärkten angebotene Teemischungen haben meist eine viel zu geringe Wirkstoffdichte. Im Kapitel „Getränke" finden Sie einige Anregungen für lindernde pflanzliche Helfer.

Operative Behandlung

In sehr schweren Fällen der GERD (gastroösophageale Refluxkrankheit) kann es notwendig werden, mit operativen Eingriffen den Rückfluss zu verhindern. Meist endoskopisch, also minimalinvasiv, ausgeführt, werden dabei beispielsweise Lücken im Zwerchfell geschlossen, der Speiseröhreneingang wird verengt oder es werden Hilfsmittel um den Mageneingang gelegt, die den Rückfluss verhindern.

ERNÄHRUNG

Allgemein bekannt ist, dass unsere Ernährung der Schlüssel zu unserer Gesundheit ist. Was für alle Bereiche unserer körperlichen Gesundheit gilt, ist natürlich auch bei der Refluxkrankheit das A und O. Viele Forschungsansätze zeigen, dass mit einigen wenigen Veränderungen die Beschwerden und Risiken von Sodbrennen minimiert werden können. Einige der mittlerweile bekannten Grundlagen stellen wir Ihnen hier vor.

Weniger ist mehr

Da das Volumen des Magens begrenzt ist, reagiert er auf Überfüllung mit Druck – und eben auch mit Reflux. Kleinere, dafür über den Tag verteilte Mahlzeiten belasten den Magen weniger. Es muss weniger Magensäure produziert werden, die Verdauung funktioniert leichter und rascher.

Essen Sie einige Stunden vor dem Schlafengehen nicht mehr. Je voller der Magen beim Hinlegen ist, desto höher ist das Risiko, dass im Schlaf Mageninhalt nach oben steigt. Gestalten Sie Ihre Mahlzeiten so, dass Sie nur so viel essen, bis Sie ein angenehmes Sättigungsgefühl spüren. Lassen Sie ruhig auch einmal etwas auf dem Teller übrig und hören Sie auf Ihren Körper! Essen Sie langsam und bewusst, lassen Sie sich Zeit zwischen den Bissen.

Verzicht hat immer einen negativen Beigeschmack – mit der richtigen Ernährung müssen Sie aber weder auf Süßes und Salziges noch auf Genussvolles verzichten. Die Auswahl ist wichtig und auch eine Alternative zu den bisher genossenen Dingen zu finden und sie zu mögen, kann eine spannende Erfahrung sein!

Zusammensetzung

Bekannt ist, dass fettreiche, sehr heiße oder sehr kalte, süße, stark veränderte, stark geröstete oder gebratene Lebensmittel sowie stark Gewürztes das Risiko für Sodbrennen deutlich erhöhen. Es gibt Nahrungsmittel, die direkt auf die Spannung (Tonus) des Mageneingangsmuskels wirken – wussten Sie das? So ist mittlerweile bekannt, dass Schokolade oder Kakao die Spannung deutlich herabsetzt, eiweißreiche Nahrung dagegen den Tonus signifikant erhöhen kann. Im Rezeptteil werden Sie eine Liste finden, die Ihnen empfehlenswerte Lebensmittel aufzeigt. Ich bin kein Freund von „Darf man/Darf man nicht" – prinzipiell ist Ihnen natürlich alles erlaubt. Der Leitfaden soll Ihnen nur helfen, eine Auswahl zu treffen, die förderlich für Ihr spezielles Problem Sodbrennen sein kann. Aus eigenem Interesse können Sie Ihre Nahrung so zusammensetzen, dass Ihnen die Medikamenteneinnahme oder andere Behandlungen unter Umständen völlig erspart bleiben.

Die Empfehlungen der Fachleute, was die Verträglichkeit oder Wirkung von Lebensmitteln betrifft, gehen z. T. weit auseinander. Auch hier muss gelten: Jeder Mensch ist verschieden und nur Sie selbst können herausfinden, was für Sie verträglich ist und was nicht. Deshalb lassen Sie sich nicht verunsichern von Rezepten, in denen vielleicht Nahrungsmittel enthalten sind, die Sie selbst als unverträglich einstufen oder die in diverser Literatur als nicht empfehlenswert aufgelistet werden, die Sie persönlich aber sehr gut vertragen. Sie verändern dann einfach die Rezepturen mit für Sie passenden Zutaten.

Die Ziele einer magenschonenden, genussvollen Ernährung sind die Einführung mehrerer (4–5) **kleinerer Mahlzeiten** am Tag, der weitgehende **Verzicht auf Zucker** und **stark veränderte Lebensmittel**, die **Steigerung des Eiweißanteils**, die **Reduzierung des Fettanteils** und der **Verzicht auf zu stark Gewürztes und Gebratenes**.

Clean Eating

In diesem Zusammenhang sei Ihnen der Begriff „Clean Eating", also „Sauberes Essen", ans Herz gelegt. Er bezeichnet die Ernährung mit möglichst frischen und naturbelassenen Lebensmitteln. Dabei haben Sie die Kontrolle über die Inhalte Ihrer Mahlzeit, ungesunde, oft versteckte Zusatzstoffe bleiben Ihnen und Ihrem Magen erspart und lassen den Magen weniger sauer reagieren. Denn gerade versteckte, oft raffinierte Fette, Zucker, Geschmacksverstärker und Aromen, Röststoffe und Säuren begünstigen das gereizte Klima in Ihrem Magen. In den Rezepten werden Sie daher keine Fertigprodukte finden – und Sie werden sehen: Es lohnt sich!

LEBENSSTIL

Aus unterschiedlichen Gründen können wir so richtig „sauer" werden – Ärger, Stress, emotionale Ausnahmesituationen wie Angst und Trauer oder Wut, all das schlägt uns buchstäblich auf den Magen. Das empfindliche Gleichgewicht der Nahrungszusammensetzung und der Stoffe, die für unsere Verdauung zuständig sind, ist recht anfällig für Störungen und nicht von ungefähr kommt der Ausdruck „sauer werden" von einem Zustand, in dem der Körper tatsächlich im sauren Milieu agiert. Unser Körper besteht aus unterschiedlichen Flüssigkeiten mit verschiedenen pH-Werten. Mit dem pH-Wert wird die Konzentration von Säuren bzw. Basen in einer Flüssigkeit angegeben. Eine Base ist quasi der Gegenspieler einer Säure, Basen neutralisieren Säuregehalte. Es wird zwischen einem **sauren**, **basischen** oder **neutralen pH-Wert** unterschieden. Liegt der Wert zwischen 0 und 6,9, gilt eine Flüssigkeit als sauer, zwischen 7,1 und 14 als basisch und bei einem Wert von 7 als pH-neutral. Im Magen ist der pH-Wert niedrig und gilt dementsprechend als sehr sauer, denn wie der Name schon sagt, ist dort die Magensäure am Werk. Mit unserem Nahrungsangebot nehmen wir sowohl säurebildende als auch basisch wirkende Lebensmittel zu uns und im Normalfall reguliert sich bei einer ausgewogenen Ernährung mit viel Gemüse, Obst, guten Fetten und Eiweißen der Säure-Basen-Haushalt von allein. Der Blut-pH-Wert liegt dann bei gesunden 7,35 bis 7,45. Überschüssige Säuren kann der Körper durch Atmung, über die Haut und die Nieren ausscheiden, allerdings nur bis zu einem gewissen Maß und nicht alle Säuren, die wir zu uns nehmen oder die bei der Nahrungstransformation entstehen.

Um einer drohenden Übersäuerung mit den diversen möglichen Beeinträchtigungen entgegenzuwirken, gibt es einige wenige Ratschläge:

• Wählen Sie möglichst viele basenbildende Nahrungsmittel!
Der Geschmack der Lebensmittel ist nicht unbedingt entscheidend dafür, ob diese säure- oder basenbildend sind. So sind z. B. Zitronen und Beerenfrüchte trotz ihres sauren Geschmacks basenbildend; ihr gesamter Säuregehalt kann durch die Atemluft ausgeschieden werden. Mineralstoffreiche pflanzliche Produkte wie Kräuter, Gemüse, Obst und Kartoffeln sind besonders stark basenbildend. 70–80 % Ihrer Nahrung sollten optimalerweise aus basischen Lebensmitteln bestehen.

• Reduzieren Sie säurebildende Nahrungsmittel!
Dazu gehören tierische Eiweiße (Fleisch, Fisch, Meeresfrüchte, Milchprodukte), aber auch Getreide und Hülsenfrüchte. Besteht Ihre Nahrung zu 20–30 % aus säurebildenden Nahrungsmitteln, stellt das kein Problem dar. Eine dauerhafte Erhöhung der Nahrungsanteile führt jedoch zu einer chronischen Übersäuerung.

• Trinken Sie genug!
Über die Nieren wird ein großer Teil der Säuren ausgeschieden, ebenso über die Atmung. Viel Bewegung an der frischen Luft, bewusstes Atmen und eine gesunde Trinkmenge helfen Ihnen beim Entsäuern.

• Meiden Sie Zucker, Weißmehlprodukte und Alkohol!
Diese Nahrungsmittel wirken an sich schon sauer, hemmen aber zusätzlich die Ausscheidungs- und Entgiftungsfunktionen der Leber. Außerdem setzen sie den Tonus der Magenschließmuskeln herab.

• Bringen Sie sich zum Schwitzen!
Bei Bewegung, sportlichen Aktivitäten und auch in der Sauna werden Sie über die Haut überschüssige Säuren los.

- Reduzieren Sie ungesunden Stress!

Stress ist einer der größten Faktoren bei der Übersäuerung: Unregelmäßiges, zu hastiges Essen, stark veränderte Nahrungsmittel, zu süß, zu fettig und zu schwer – Sie kennen sicher alle die Auswirkungen eines stressigen Arbeitstages ... Unser Körper ist durchaus in der Lage, mit einzelnen stressigen Situationen umzugehen. Sind Sie aber Dauerstress ausgesetzt und können nicht wirklich gegensteuern, werden Sie auf Dauer wirklich sauer. Konzentrationsprobleme, Gereiztheit und das Gefühl von Überforderung kann sich einstellen. Vor allem ist jetzt wichtig: Machen Sie eine ehrliche Bestandsaufnahme über die Dinge, die bei Ihnen zu Stress führen, die sogenannten Stressoren. Diese zu erkennen, gibt Ihnen die Möglichkeit, Stress auch aktiv abzubauen. Es würde in diesem Ratgeber zu weit führen, die gesamte Stressreduktions-Thematik zu vertiefen. Einer der Ansätze jedoch, die relativ einfach umzusetzen sind, ist die Veränderung der Essgewohnheiten.

Essen Sie in Ruhe, mit Genuss und bewusst!
Wählen Sie gute und schützende Nahrungsmittel aus!
Bereiten Sie Ihr Essen mit der Gewissheit zu, dass Sie sich etwas Gutes damit tun!
Der schnelle Schokoriegel, die 5. Tasse Kaffee und am Abend zur Entspannung noch Alkohol – so wird Ihr Magen immer wieder überfordert.
Lassen Sie sich durch diesen Ratgeber behutsam an neue Essgewohnheiten führen, ohne auf Genuss verzichten zu müssen. Es gibt auch hier keine Verbote – das genüsslich verzehrte Stück Kuchen oder ein aromatischer Kaffee sind Wohlfühlmomente, und auch die sind wichtig! Ist der Hauptanteil Ihrer Nahrung aber ausgewogen und weniger säurebildend, so verzeiht Ihnen Ihr Körper auch diese Ausnahmen.

- Tragen Sie locker sitzende, bequeme Kleidung. Druck auf die Magengegend verstärkt die Refluxbeschwerden.

Was kaufe ich ein?

In diesem Kapitel geht es um eine Auswahlmöglichkeit an Lebensmitteln, die Ihren Magen wenig bis gar nicht belasten, die bestehende Symptome sogar lindern können und allgemein zu einem weniger sauren Milieu Ihres Körpers führen.

Wie Sie bereits aus eigener Erfahrung wissen, vertragen Sie manche Lebensmittel besser als andere, manche sind sogar regelrecht unverträglich oder führen bei Ihnen zu Unwohlsein, Völlegefühl, Verdauungsstörungen und Sodbrennen. Sie finden hier eine Liste, eingeteilt in „basische" und „saure" Lebensmittel. Da jeder Mensch anders reagiert, geht mein Rat dahin, dass Sie aus der basischen Auswahl möglichst viele und aus der sauren möglichst wenige Lebensmittel wählen. Wie bereits vorher beschrieben, sollte der Anteil an basisch wirkenden Lebensmitteln 70–80 % Ihrer Nahrung betragen, jener der sauer wirkenden Lebensmittel nicht über 20–30 %. Sauer wirkende Lebensmittel sind nicht per se „schlecht" – die Menge und die Auswahl machen den Unterschied. Auch basische Lebensmittel können für Sie unverträglich sein. Allgemein wird aber die Erhöhung der Anteile an basischen Lebensmitteln Ihre Beschwerden dauerhaft lindern können – machen Sie sich also mit Neugier, Ausprobieren und möglichst viel Genuss auf die Suche nach Ihrem optimalen Einkaufskorb!

Bevor wir die Lebensmittel direkt betrachten, der kleine, aber wichtige Grundsatz einer gesundheitsfördernden Ernährung: Alle Lebensmittel, die so wenig wie möglich verändert sind, regen den Körper zur gesunden Verdauung an. Essen Sie daher so viel wie möglich roh oder schonend gegart und mit möglichst wenigen Zusätzen wie Gewürzen, Zucker und Fetten. Süßigkeiten sollen eine genussvolle Ausnahme bleiben, ebenso Kaffee und Alkohol. Hören Sie in sich hinein – Ihr Körper ist der allerbeste Ratgeber und täuscht sich nicht!

Basenbildende Lebensmittel

Basenbildende Lebensmittel sind alle, die kein tierisches Eiweiß enthalten.

Gemüse

Karotten, Pastinaken, Petersilienwurzel
Süßkartoffeln
Rohe Tomaten
Champignons, Austernpilze, Shiitake
Salate (Kopfsalat, Feldsalat, Portulak)
Fenchel
Grünkohl
Sprossen (Radieschen, Alfalfa, Mungobohnen)
Avocado
Kürbis
Kartoffeln
Mangold
Sellerie
Rote Bete
Spinat
Kräuter (Kresse, Basilikum, Wildkräuter)

Obst

Weintrauben
Ananas
Aprikosen
Datteln
Feigen
Nektarinen
Zitronen
milde Äpfel (Delicious, Pink Lady, Elstar)
Nüsse (Mandeln, Haselnüsse, Walnüsse, Esskastanien, Pistazien, Macadamianüsse)
Bananen
Beeren (Johannisbeeren, Blaubeeren, Brombeeren, Himbeeren)

Säurebildende Lebensmittel

Fleisch
Fisch
Milch und Milchprodukte
Eier
Getreide und Getreideprodukte
Zucker, Süßigkeiten
Spargel
Rosenkohl
Hülsenfrüchte
Artischocken
Kaffee, Schwarztee, Früchtetee
Limonaden, Energy Drinks, Alkohol
Frittiertes (Pommes frites, Kroketten)
fettes Fleisch und Wurstwaren

Neutral wirkende Lebensmittel

Kaltgepresste Öle (Walnuss, Olive, Kürbiskern, Leinöl)

„Gute" säurebildende Lebensmittel

Vollkorngetreide und Produkte daraus
Hülsenfrüchte (Linsen, Erbsen, Kichererbsen, Sojabohnen, Süßlupine)

Achten Sie beim Einkauf möglichst darauf, weniger tierische Lebensmittel und dafür mehr pflanzliche auf Ihren Einkaufszettel zu setzen.

Die empfohlene Steigerung des Eiweißanteils in Ihrer Nahrung sollte nicht bedeuten, mehr Fleisch, Eier und Milchprodukte zu essen, da diese säurebildend sind. Pflanzliche Alternativen, auch zu Fleisch und Milchprodukten, sind heute geschmacklich einwandfrei, vielfältig und bieten eine gesunde Alternative. Aber auch hier gilt: Je stärker ein Lebensmittel verändert ist, desto mehr wird es vom Lebens- zum reinen Nahrungsmittel! Versteckte Fette, Zusatzstoffe und Salze machen aus der vermeintlich gesünderen Alternative ein ebenso belastendes Produkt wie andere stark veränderte Lebensmittel.

Fleisch

Huhn
Pute

mageres Rindfleisch
pflanzliche Alternativen: Produkte aus Soja, Pilze, Grünkern, Lupine, Hülsenfrüchte

Fisch

Forelle, Lachs, Seefisch
Meeresfrüchte

Milchprodukte

pflanzliche Alternativen: Produkte aus Soja, Mandel, Hafer, Cashew (Hafermilch, Mandelmilch, Nussmilch)
fettreduzierte Milch
Frischkäse, Hüttenkäse

fettreduzierte Sahne, Joghurt
fettreduzierter Käse

Es lohnt sich definitiv, sich auf die Suche zu machen nach einfachen Rezepten, die ohne tierische Bestandteile auskommen. Blogs und Rezeptseiten über veganes Essen sind eine Fundgrube – Sie werden hier von pflanzlichen selbstgemachten Käsesorten über Gemüse- und „Fleisch"-gerichte bis hin zu Süßigkeiten eine Fülle entdecken, die es wirklich einfach macht, Ihre Ernährung umzustellen! Dieses Buch soll nur ein Anfang sein, zu Ihrer Orientierung und als Ideengeber. Lassen Sie sich inspirieren und tun Sie sich und der Umwelt etwas Gutes!

Frühstück

Frühstücken Sie gern ausgiebig und herzhaft? Gehören Sie eher zu den Menschen, die morgens früh gar nichts zu sich nehmen und erst später am Vormittag den ersten Appetit verspüren? Lieben Sie Ihr Frühstücksbrot oder genießen Sie lieber Müsli oder Obst?

Am Frühstück gibt es nicht viel herumzudiskutieren. So unterschiedlich, wie die Menschen sind, sind auch ihre Essgewohnheiten.

Es gibt alte, schon längst überholte Regeln wie „Frühstück wie ein Kaiser, Mittagessen wie ein Bauer und Abendessen wie ein Bettelmann". Auch Diät- und Kostformen, die auf die Trennung von eiweißreichen und kohlenhydrathaltigen Mahlzeiten bestehen, und diverse Ansätze von medizinisch oder biologisch herleitbaren Verhaltensregeln machen die Entscheidung nicht einfacher, was nun gerade für Sie günstig ist.

Allgemein gilt der Rat: Starten Sie nicht mit völlig leerem Magen in den Tag. Ihr Verdauungssystem läuft am Vormittag an und beginnt die Verdauungsarbeit, dazu benötigt es auch „Brennstoff". Haben Sie jedoch morgens noch keinen Hunger, schmeckt Ihnen vielleicht ein frischer, gehaltvoller Smoothie oder eine Portion Obst. Mittags sollten Sie leichte Kost bevorzugen, damit Sie nicht in das Verdauungstief am Nachmittag fallen, während Sie noch Leistung im Beruf bringen sollten. Die Abendmahlzeit kann ruhig Ihre Hauptmahlzeit sein, wenn sie nicht zu spät gegessen wird.

Frühstücksideen für jeden Geschmack finden Sie hier in diesem Kapitel – viel Spaß beim Ausprobieren!

KÜRBISKERN-CHIA-BROT

8 Port. 3,5 Std. Leicht

Zutaten

7 g Trockenhefe
1 EL Ahornsirup (alternativ Dattelsüße)
500 ml handwarmes Wasser
60 g fein gemahlene Kürbiskerne (siehe Tipp)
60 g Kürbiskerne, ungeröstet
30 g Sonnenblumenkerne
Je 50 g Leinsamen und Sesamsamen
20 g Chiasamen
2 TL Salz
1 TL Öl zum Einpinseln

Sie benötigen:
Kastenform

1 Die Trockenhefe mit dem Ahornsirup und dem Wasser verrühren und ca. 15 Min. stehen lassen.

2 In einer Schüssel alle restlichen Zutaten vermischen und die Hefelösung dazugießen. Mit dem Handrührgerät alles zu einem gleichmäßigen, etwas klebrigen Teig verarbeiten. Die Schüssel abgedeckt 2 Std. bei Zimmertemperatur ruhen lassen.

3 Den Backofen auf 200 °C (Umluft) vorheizen, die Kastenform mit Öl auspinseln und den Teig hineinfüllen. Die Oberfläche glattstreichen und für weitere 15 Min. abgedeckt gehen lassen.

4 Auf der mittleren Einschubleiste 45-50 Min. backen, dann das Brot aus der Form lösen und auf dem Rost des Backofens für 10 Min. nachbacken. Auf einem Gitterrost vor dem Anschneiden vollständig abkühlen lassen.

Nährwerte p. P.

183 kcal
4 g Kohlenhydrate
13 g Fett
10 g Eiweiß

Tipp: Kürbiskernmehl sollten Sie wegen der leichten Verderblichkeit im Bioladen direkt mahlen lassen. Auch im Mixer oder Blitzhacker lassen sich die Kerne selbst sehr gut vermahlen.
Das Brotrezept bietet eine vollwertige und basische Alternative zu gewöhnlichem Brot oder Brötchen. Mit diversen Aufstrichen, süß oder herzhaft, ein echter Genuss!

BEERENQUARK MIT NÜSSEN

4 Port.

10 Min.

Leicht

Zutaten

150 ml Milch, 3,5 % Fett
300 g Magerquark
4 EL Leinöl
4 EL Weizenkeimöl
Saft einer ½ Zitrone
2 EL Ahornsirup oder Honig n. B.
4 EL gemischte Beeren, frisch (Himbeeren, Erdbeeren, Blaubeeren)
2 EL Granatapfelkerne
2 EL Kokosraspel
2 EL gehackte/gemahlene Nüsse (Haselnüsse, Mandeln)

Nährwerte p. P.

355 kcal
15 g Kohlenhydrate
27 g Fett
12 g Eiweiß

1 Obst waschen und trockentupfen, 3 EL Beeren mit Milch, Quark, Öl und Zitronensaft in einen Mixer geben und fein pürieren. Nach Geschmack mit Ahornsirup oder Honig süßen.

2 Den Quark in 4 Schüsseln füllen, mit Granatapfelkernen, den restlichen Beeren, Kokosraspeln und den Nüssen garnieren und kühl servieren.

FRÜHSTÜCKSPORRIDGE

4 Port.

1 Std.

Leicht

Zutaten

175 g Vollkornreis oder Milchreis
475 ml Wasser
50 g getrocknete Mango (alternativ: getrocknete Apfelringe, Birnenschnitze)
2 EL Bananenchips
450 ml Milch, 1,5 % Fett (oder pflanzliche Milch)
1 EL Ahornsirup
1 TL Zimtpulver
1 Msp Kardamom
1 EL Kokoschips (alternativ: Kokosraspel, gehackte Mandeln)
1 Zweig Zitronenmelisse

1 Das Wasser in einem ausreichend großen Topf zum Kochen bringen, die Temperatur auf niedrige Stufe reduzieren und den Reis hineingeben. Für ca. 45 Min. abgedeckt leise köcheln lassen und dabei ab und zu umrühren. Das Wasser sollte am Ende völlig vom Reis aufgesogen sein.

2 Die Milch zum Reis gießen und einmal aufkochen lassen, dann bei niedriger Hitze ca. 5 Min. unter Rühren köcheln lassen, bis der Reis cremig ist.

3 Mango oder Apfel-/Birnenstücke in Stücke schneiden und mit Ahornsirup, Zimt und Kardamom unter den Reis rühren. Noch einmal ca. 3-5 Min. köcheln lassen.

4 Porridge in Schälchen füllen, mit Bananenchips, Kokos- oder Nussraspeln bestreuen und mit Zitronenmelisse garnieren. Am besten lauwarm genießen!

Nährwerte p. P.

311 kcal
54 g Kohlenhydrate
5 g Fett
11 g Eiweiß

Tipp: Porridge, das sättigende und leckere Frühstück, kennen die meisten mit Hafer. Probieren Sie diese Variante mit Reis – magenfreundlich und gut verträglich. Auch mit frischem Obst oder Beeren nach Geschmack eine leckere Alternative zu Brot und Brötchen.

SANFTES MÜSLI

2 Port.

10 Min.

Leicht

Zutaten

1 mittelgroßer, roter Apfel
1 TL Honig (alternativ: Dattelsirup oder Agavensirup)
½ TL Zimt
250 g Soja- oder Mandeljoghurt
75 g Erdmandelflocken
2 TL Goldleinsamen
30 g Cashewkerne

Nährwerte p. P.

437 kcal
44 g Kohlenhydrate
21 g Fett
11 g Eiweiß

1 Den Apfel waschen, vierteln und das Kerngehäuse wegschneiden. Die Viertel klein würfeln und mit Zimt und Honig in einem kleinen Topf 5 Min. bei mittlerer Hitze andünsten.

2 Den Joghurt mit 50 g Erdmandelflocken sowie 1 TL Leinsamen mischen und auf Portionsschalen verteilen. Die gedünsteten Äpfel darauf verteilen und alles mit übrigen Erdmandelflocken, Leinsamen und den Cashewkernen bestreuen. Lauwarm genießen.

EIWEISSBROT MIT ERBSEN UND SCHNITTLAUCHQUARK

10 Port.

1 Std. 45 Min.

Leicht

Zutaten

375 g grüne Erbsen (TK oder frisch)
230 g Haferflocken (zarte, Kleinblatt)
80 g Hanfsamen, geschält
Je 1 TL Koriandersamen und Kümmelsamen
2 TL Fenchelsamen
2 TL Kräutersalz
2 TL Backpulver
3 große Eier
2 mittelgroße Möhren
250 g Quark, 20 % Fett
2 EL Wasser
½ Bund Schnittlauch
Salz, Pfeffer n. B.

Sie benötigen:
1 Kastenbackform, Mörser, Standmixer

Nährwerte p. P.

223 kcal
20 g Kohlenhydrate
9 g Fett
12 g Eiweiß

1 TK-Erbsen auftauen lassen, frische Erbsen abspülen und in einem Sieb abtropfen lassen. Die Möhren schälen und mit der Reibe fein raspeln.

2 Die Haferflocken und die Hanfsamen im Mixer zu feinem Mehl vermahlen, die Gewürzkörner im Mörser sehr fein zerstoßen und zum Hafermehl in den Behälter des Mixers geben. Backpulver und Kräutersalz ebenfalls dazugeben.

3 Die Eier mit den Erbsen zur Mehlmischung geben und alles so lange mixen, bis ein geschmeidiger Teig entsteht. Die geraspelten Möhren kurz unterrühren.

4 Backofen auf 160 °C (Umluft) bzw. 180 °C (Ober-/Unterhitze) vorheizen.

5 Eine Kastenform (ca. 22 x 12 cm) mit Backpapier auslegen und den Teig einfüllen, auf der mittleren Einschubleiste 55-60 Min. backen und anschließend in der Form ca. 30 Min. abkühlen lassen.

6 Quark mit 2 EL Wasser glattrühren und mit Salz und Pfeffer würzen.

7 Das abgekühlte Eiweißbrot in Scheiben schneiden, mit Quark bestreichen und reichlich mit Schnittlauchröllchen bestreuen.

Tipp: Erbsen liefern reichlich pflanzliches Eiweiß, Hanfsamen hochwertiges Öl mit essenziellen Aminosäuren und ungesättigten Fettsäuren. Haferflocken mit ihren Ballaststoffen sorgen für angenehme Sättigung und regen die Verdauung an.

HAFER-MANDEL-BREI

4 Port. 25 Min. Leicht

Zutaten

125 g feine Haferflocken
1 l Milch, 1,5 % Fett (alternativ: Mandelmilch)
100 g fein gehackte oder gemahlene Mandeln
1 milder Apfel (z. B. Delicious, Gala, Jonagold)
1 Banane

Nährwerte p. P.

432 kcal
42 g Kohlenhydrate
20 g Fett
19 g Eiweiß

1 Die Haferflocken in einem Topf mit der Milch mischen und langsam aufkochen lassen. Nach 2-3 Min. die Mandeln hinzufügen und nochmals kurz aufkochen, dann den Topf zudecken und vom Herd nehmen, den Brei 10 Min. quellen lassen.

2 Apfel waschen und mit Schale grob raspeln oder in feine Streifchen schneiden, die Banane schälen und in Scheiben oder Stückchen schneiden. Das Obst unter den fertigen Brei mischen.

3 Servieren Sie den Haferbrei in Schälchen, mit etwas frischem Obst oder 1 Msp Zimt bestreut.

Tipp: Sind Haferflocken für Sie eher unverträglich oder belastend, versuchen Sie diesen Frühstücksbrei einmal mit Hirseflocken oder Goldhirsekörnern. Die Hirse wird genauso in der Milch oder Pflanzenmilch gekocht, braucht jedoch eine längere Garzeit.

FRÜHLINGS-HÜTTENKÄSE

4 Port. 10 Min. Leicht

Zutaten

½ Stange Lauch (Porree), alternativ: 4 Frühlingszwiebeln
100 ml kochendes Wasser
2 kleine Möhren
1 TL Senfsamen
400 g Hüttenkäse, 10 % Fett
Je ½ Bund glatte Petersilie und Schnittlauch
Salz, Pfeffer n. B.

Sie benötigen:
Mörser

Nährwerte p. P.

124 kcal
5 g Kohlenhydrate
5 g Fett
14 g Eiweiß

1 Den Lauch aufschneiden, gründlich waschen und in sehr feine Streifen schneiden. Mit dem kochenden Wasser kurz überbrühen (siehe Tipp) und in einem Sieb abtropfen lassen. Frühlingszwiebeln ohne Überbrühen nur in Ringe schneiden.

2 Möhren schälen und fein raspeln, die Senfsamen im Mörser fein zerstoßen. Petersilie und Schnittlauch waschen, abtupfen und hacken bzw. in feine Röllchen schneiden.

3 Hüttenkäse mit den restlichen Zutaten mischen und nach Geschmack salzen und pfeffern.

Tipp: Dieser Aufstrich schmeckt sehr gut auf Vollkornbrot oder -brötchen. Auch mit Eiweißbrot oder pur genossen liefert er hochwertiges Eiweiß; die Senfglycoside aus Lauch und Senfsamen stärken das Immunsystem und wirken antibakteriell. Außerdem machen viele Sodbrennen-Betroffene die Erfahrung, dass Senf das unangenehme Brennen sofort lindert.
Wer auf rohen Lauch empfindlich reagiert, sollte diesen immer kurz blanchieren, d. h. für 1–2 Min. in kochendes Wasser geben oder kurz überbrühen. Machen auch Frühlingszwiebeln Ihnen Probleme, ersetzen Sie diesen Rezeptanteil einfach durch Kräuter oder Radieschen, wenn möglich.

HAFERKEIMLINGE MIT BANANE UND APFEL

4 Port. 5 Min. Leicht

Zutaten

4 mittelgroße, milde Äpfel
4 kleine Bananen
12 EL gekeimte Haferflocken (im Onlinehandel, Bioladen oder Reformhaus erhält-lich), siehe Tipp
2 Zitronen oder Mandarinen

Nährwerte p. P.

233 kcal
47 g Kohlenhydrate
2 g Fett
5 g Eiweiß

1 Die Äpfel waschen, nach Belieben schälen oder mit Schale auf dem Reibeisen grob raffeln. Zitronen oder Mandarinen auspressen und die Apfelraspel mit dem Saft mischen.

2 Bananen schälen, 2 mit einer Gabel fein zermusen, die anderen beiden in Scheibchen schneiden.

3 Das Bananenmus mit den Haferflocken mischen. Auf Tellern das Flockenpüree anrichten, mit Bananenscheiben belegen und mit den Apfelraspeln toppen.

Tipp: Gekeimte Haferflocken sind noch reicher an Mineralien als normale Haferflocken, gut verträglich und für einen kraftvollen Start in den Tag perfekt. Wenn Sie die geraspelten Äpfel einige Minuten vor dem Verzehr stehen lassen, verfärben sich diese unter Umständen braun, sind aber dann noch besser verträglich durch das sich ausbildende Pektin.

KOKOS-FRÜCHTE-SHAKE

2 Port.

5 Min.

Leicht

Zutaten

4 EL geschälte Hanfsamen oder Chiasamen
6 EL Kokosmus
2 Orangen
2 Zitronen
2 mittelgroße Bananen
4 EL Goji-Beeren, eingeweicht

Sie benötigen:
Standmixer

Nährwerte p. P.

717 kcal
53 g Kohlenhydrate
48 g Fett
13 g Eiweiß

1 Die Orangen und Zitronen auspressen, Bananen schälen.

2 Alle Zutaten im Mixer sehr fein pürieren und in Gläser oder Flaschen abfüllen.

Tipp: Hanfsamen oder Chiasamen liefern hochwertige Omega-3-Fettsäuren für einen guten Start in den Tag. Weichen Sie die Goji-Beeren für 1–2 Std. oder über Nacht in Wasser ein, damit sie sich gut beim Mixen zerkleinern lassen.

FRÜHSTÜCKS-SMOOTHIE „DRINK PINK“

2 Port.

5 Min.

Leicht

Zutaten

150 g frische Himbeeren (alternativ TK-Himbeeren)
150 g TK-Beerenmischung
1 mittelgroße Banane
3 EL zarte Haferflocken
1 getrocknete Dattel (alternativ 1 TL Dattelsirup)
150–200 ml Wasser

Sie benötigen:
Standmixer

Nährwerte p. P.

717 kcal
53 g Kohlenhydrate
48 g Fett
13 g Eiweiß

1 Banane schälen und in grobe Stücke schneiden. Frische Himbeeren abspülen und abtropfen lassen.

2 Pürieren Sie alle Zutaten im Mixer mindestens 2 Min. und füllen Sie den Smoothie in Gläser oder luftdichte Flaschen.

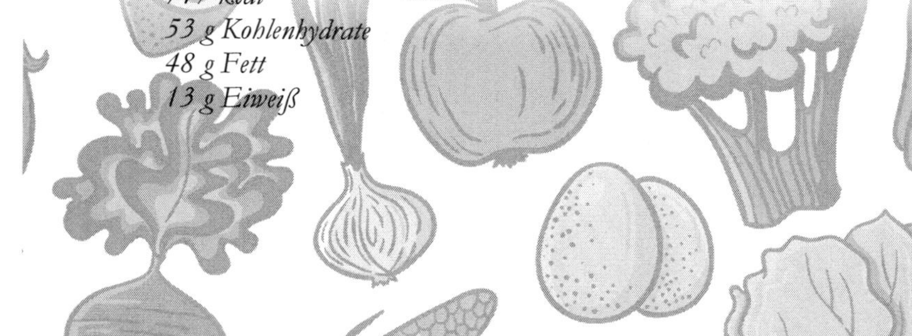

AVOCADOCREME MIT ROHKOSTSTICKS

2 Port.

10 Min.

Leicht

Zutaten

2 reife Avocados
3 EL Zitronensaft
1 Bund Schnittlauch (alternativ 2 Frühlingszwiebeln)
1 TL Kräutersalz
1 rote Paprika
1 kleine Salatgurke
2 mittelgroße Möhren
1 Staude Chicorée oder Salatherz (ca. 200 g)

Nährwerte p. P.

564 kcal
15 g Kohlenhydrate
48 g Fett
8 g Eiweiß

1 Paprika waschen, abtrocknen und in Streifen schneiden. Die Gurke waschen und ebenfalls in fingerlange Sticks oder dicke Scheiben teilen. Chicorée oder Salatherz in einzelne Blätter teilen, die Möhren schälen und je nach Dicke halbieren oder vierteln und in fingerlange Sticks schneiden.

2 Die Avocados halbieren, entsteinen und das Fruchtfleisch aus den Schalen heben. In einem Teller mit einer Gabel fein zerdrücken und sofort mit Zitronensaft verrühren.

3 Mit Salz würzen. Schnittlauch oder Frühlingszwiebeln waschen, in feine Ringe schneiden und unter die Creme mischen. Mit den Sticks die Creme genussvoll auslöffeln. Zum Mitnehmen Sticks und Creme separat verpacken.

Suppen

Suppe wärmt den Magen und kann als Vorspeise oder Hauptgang für einen zufriedenen Magen sorgen. Achten Sie darauf, Suppe nicht zu heiß zu essen.

SAMTIGE BANANENSUPPE MIT GARNELEN

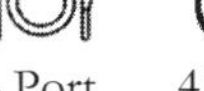

4 Port. 45 Min. Leicht

Zutaten

4 mittlere Zwiebeln
800 g Wurzelgemüse (Pastinake, Sellerie, Möhre)
2 mittelgroße Bananen
2 Zitronen
1,5 l Fischfond (ersatzweise Hühner- oder Gemüsebrühe)
400 g Garnelen, küchenfertig (frisch oder TK)
Salz, schwarzer Pfeffer n. B.
1 Zweig Zitronenthymian, einige Bananenscheibchen

Sie benötigen:
Stabmixer

Nährwerte p. P.

255 kcal
24 g Kohlenhydrate
4 g Fett
28 g Eiweiß

1 Die Zwiebeln, das Wurzelgemüse und die Bananen schälen, getrennt in Würfel schneiden. Die Zitronen auspressen.

2 In einem Topf die Zwiebelwürfel kurz andünsten und mit wenig Salz bestreuen. Das Wurzelgemüse dazugeben, kurz andünsten und mit etwas Wasser in ca. 20 Min. weich kochen.

3 Bananenstückchen und Fischfond bzw. Brühe zum Gemüse gießen, aufkochen und ca. 10 Min. köcheln lassen.

4 Die Suppe mit dem Stabmixer fein pürieren, dann die Garnelen hineingeben und für 5 Min. darin gar ziehen lassen.

5 Mit Zitronensaft, Salz und Pfeffer abschmecken, in Schalen anrichten und mit Zitronenthymianblättchen und Bananenscheibchen garnieren.

KÜRBISSUPPE MIT INGWER

 4 Port.

 50 Min.

 Leicht

Zutaten

1 Butternut- oder Hokkaidokürbis, ca. 800 g
2 mittelgroße Zwiebeln
2–3 Knoblauchzehen
1 fingerlanges Stück Ingwer
1 EL Kokos- oder Olivenöl
750 ml Gemüsebrühe (siehe Tipp)
Saft einer ½ Limette (alternativ: Zitrone)
Salz, schwarzer Pfeffer n. B.
1 rote Chilischote n. B. (siehe Tipp)
2 EL Sesamsamen
3 Stängel Koriander oder glatte Petersilie

Sie benötigen:
Stabmixer

Nährwerte p. P.

218 kcal
31 g Kohlenhydrate
7 g Fett
5 g Eiweiß

1 Butternutkürbis waschen, abtrocknen und schälen. Hokkaidokürbis können Sie mit Schale verwenden, sie wird beim Kochen schön weich. Halbieren, die Kerne mit einem Löffel entfernen und das Kürbisfleisch in ca. 1 cm große Würfel schneiden.

2 Den Backofen auf 200 °C Umluft vorheizen. Verteilen Sie die Kürbiswürfel auf einem Backblech und lassen Sie sie auf der mittleren Schiene ca. 25 Min. rösten, bis sie schön goldbraun sind.

3 In der Zwischenzeit schälen Sie die Zwiebeln, den Ingwer und den Knoblauch und hacken alles in feine Würfelchen.

4 In einem Topf das Öl erhitzen und darin die Zwiebelmischung ca. 3 Min. andünsten, den Kürbis hinzufügen und alles mit Gemüsebrühe auffüllen. Kurz aufkochen, dann bei niedriger Hitze ca. 20 Min. köcheln lassen. Mit dem Stabmixer fein pürieren und nach Belieben noch durch ein Sieb streichen.

5 Kochen Sie die Suppe noch einmal kurz auf und geben Sie den Limetten- oder Zitronensaft dazu. Würzen Sie mit Salz und Pfeffer nach Geschmack. Nach Belieben die Chilischote sehr fein schneiden und zur Suppe geben.

6 In einer kleinen Pfanne den Sesam trocken anrösten, bis er zu duften beginnt, dann auf einem Teller abkühlen lassen. Koriander bzw. Petersilie waschen, trockenschütteln und die Blättchen abzupfen, nach Belieben in Streifchen schneiden oder grob hacken. Die Suppe in Schalen anrichten und mit Sesam und Kräutern bestreuen.

Tipp: Gemüsebrühe lässt sich sehr leicht selbst herstellen, ohne Zusatz- und Aromastoffe. Bewahren Sie dafür Kochwasser vom Gemüsegaren auf, kochen Sie darin Reste, die beim Gemüseschneiden übrig bleiben, auf und stellen Sie die Brühe kalt. Sie können so über mehrere Tage immer wieder neues Gemüse hineingeben, wieder aufkochen und erneut kalt stellen. So erhalten Sie eine geschmackvolle Brühe als Grundlage für Suppen und Soßen.

Chilischoten werden allgemein als ungeeignet bei Sodbrennen beschrieben. Vertragen Sie diese jedoch gut, probieren Sie die Suppe ruhig mit diesem kleinen Schärfekick.

INDISCHE GEMÜSESUPPE

4 Port.

45 Min.

Mittel

Zutaten

160 g rote Linsen
1,7 l Wasser
400 g festkochende Kartoffeln
2 mittelgroße Möhren
4 EL Kokosöl
1 Stück Ingwer, ca. 5 cm
2 EL Curry
1 EL Kreuzkümmel
200 ml Kokosmilch
2 EL Sojasoße
2 EL Zitronensaft
Salz, Pfeffer n. B.
600 g Blumenkohl
4 EL Kichererbsenmehl
1 Bund glatte Petersilie (oder Koriander)

Sie benötigen:
Stabmixer

Nährwerte p. P.

586 kcal
60 g Kohlenhydrate
25 g Fett
22 g Eiweiß

1 Die Linsen gründlich mit Wasser spülen, bis keine schaumigen Blasen mehr auf dem Wasser sichtbar sind. In einem Sieb abtropfen lassen.

2 Kartoffeln und Möhren schälen. Die Kartoffeln in kleine Würfel schneiden, die Möhren grob raspeln. Ingwer schälen und fein reiben. Den Blumenkohl in ganz kleine Röschen teilen und abbrausen, in einem Sieb abtropfen lassen.

3 In einem Topf die Linsen mit dem Wasser aufkochen, bei niedriger Hitze ca. 10 Min. weiter köcheln lassen, dann die Kartoffeln und Möhren zur Suppe geben und weitere 10 Min. garen.

4 In einer Pfanne 2 EL Kokosöl erhitzen, darin den geriebenen Ingwer mit 1 EL Curry und ½ EL Kreuzkümmel kurz anrösten, mit der Kokosmilch ablöschen. Noch einmal kurz aufkochen lassen und von der Herdplatte nehmen.

5 Sind die Linsen und das Gemüse weich, fügen Sie die Kokosmilch-Mischung zur Suppe hinzu. Rühren Sie die Sojasoße und den Zitronensaft unter und schmecken Sie kräftig mit Salz und Pfeffer ab. Füllen Sie 4 Kellen der Suppe in ein geeignetes Gefäß und pürieren Sie diese mit dem Stabmixer fein, geben Sie die pürierte Suppe zurück in den Topf.

6 Mischen Sie das Kichererbsenmehl in einer Schüssel mit dem restlichen Curry und Kreuzkümmel sowie etwas Salz und Pfeffer. Geben Sie die Blumenkohlröschen dazu und mischen Sie alles mit den Händen gut durch, bis die Röschen rundum mit Mehl und Gewürzen paniert sind.

7 In der ausgewischten Pfanne den Rest des Kokosöls erhitzen und darin den panierten Blumenkohl ca. 5 Min. braten, in eine Schüssel umfüllen.

8 Petersilie oder Koriander waschen, trockenschütteln und die Blättchen grob hacken.

9 Suppe in Portionsschalen anrichten, mit den Blumenkohlröschen und Kräutern bestreut servieren.

ROTE-BETE-SUPPE

4 Port.

50 Min.

Leicht

Zutaten

500 g Rote Bete, frisch
1 Stange Lauch (Porree)
1 mittelgroße Zwiebel
2 mittelgroße Möhren
1 Knoblauchzehe
4 EL Olivenöl
1 l Wasser
Salz, Pfeffer n. B.
½ TL Majoran
2 EL Zitronensaft
2 EL pflanzlicher Joghurt
1 Kästchen Gartenkresse

Sie benötigen:
Stabmixer

Nährwerte p. P.

234 kcal
17 g Kohlenhydrate
15 g Fett
4 g Eiweiß

1 Zwiebel, Rote Bete und Möhren schälen und klein würfeln. Den Lauch längs halbieren und in feine Streifen schneiden, in reichlich Wasser waschen und abtropfen lassen. Knoblauch fein hacken oder durch die Presse drücken.

2 In einem Topf das Olivenöl erhitzen und die Rote Bete 5 Min. darin andünsten. Das restliche Gemüse dazugeben und 10 Min. mit anschwitzen. Zum Schluss den Knoblauch zufügen, alles mit Wasser aufgießen und zugedeckt bei niedriger Hitze ca. 35 Min. köcheln lassen, bis das Gemüse gar ist.

3 Pürieren Sie die Suppe mit dem Stabmixer cremig und würzen Sie nach Geschmack mit Salz, Pfeffer, Zitronensaft und Majoran.

4 Servieren Sie die Suppe in Schalen mit einem Klecks Naturjoghurt als Topping und mit etwas Kresse bestreut.

BASISCHE TOMATENSUPPE

4 Port.

15 Min.

Leicht

Zutaten

1 große Avocado
4 mittelgroße Tomaten
6 getrocknete Tomaten ohne Öl
1 Bund glatte Petersilie
2 mittelgroße Zwiebeln (oder 3 EL gefriergetrocknete Zwiebeln)
6 Knoblauchzehen
1 rote Paprika
½ TL Salz, Pfeffer n. B.
1 Stängel Basilikum
100 ml Pflanzensahne

Sie benötigen:
Pürierstab oder Standmixer

Nährwerte p. P.

744 kcal
17 g Kohlenhydrate
14 g Fett
5 g Eiweiß

1 Die Avocado halbieren, entsteinen und das Fruchtfleisch herausheben. Die frischen Tomaten waschen und in kleine Würfel schneiden, getrocknete Tomaten kleinschneiden. Paprika waschen, entkernen und ebenfalls würfeln. Petersilie waschen und trockenschütteln, die Blätter abzupfen und grob hacken. Knoblauch durch die Presse drücken, Zwiebeln ggf. schälen und würfeln.

2 In einem geeigneten Gefäß oder dem Standmixer Avocado, Tomaten, Paprika, Zwiebeln und Knoblauch mit der Petersilie fein pürieren und in einen Topf füllen. Mit Salz und Pfeffer abschmecken und kurz auf Verzehrtemperatur erhitzen. Bei Bedarf mit etwas Wasser verdünnen.

3 Servieren Sie die fruchtige Suppe in Portionsschalen, mit Pflanzensahne und einigen Basilikumblättchen garniert.

BROKKOLI-CREMESUPPE

4 Port.

15 Min.

Leicht

Zutaten

1 Kopf Brokkoli (ca. 350 g)
3 mittelgroße Kartoffeln (vorwiegend festkochend)
1 rote Paprika
1 mittelgroße Zwiebel
1 EL Olivenöl
200 ml Wasser
400 ml Kokosmilch
Salz, Pfeffer n. B.
1 Prise Muskat
2 TL Zitronensaft
½ TL Chiliflocken
2 EL Petersilie, gehackt

Sie benötigen:
Pürierstab oder Standmixer

Nährwerte p. P.

744 kcal
17 g Kohlenhydrate
14 g Fett
5 g Eiweiß

1 Den Brokkoli in gleich große Stücke teilen und waschen, anschließend in mundgerechte Stückchen teilen. Kartoffeln und Zwiebel schälen und in Würfel schneiden. Paprika waschen, putzen und ebenfalls würfeln.

2 In einem Topf das Olivenöl erhitzen, die Zwiebelwürfel darin kurz anschwitzen. Anschließend die Kartoffel- und Paprikastücke dazugeben, kurz mit andünsten und mit Wasser ablöschen. Kocht das Wasser auf, reduzieren Sie die Hitze und legen den Brokkoli auf das andere Gemüse, bedecken den Topf und lassen das Ganze bei niedriger Hitze ca. 15 Min. garen.

3 Sind die Kartoffelstückchen weich, gießen Sie die Kokosmilch an und pürieren die Suppe mit dem Pürierstab. Mögen Sie noch Stückchen in der Suppe, nehmen Sie einfach einige Brokkoliröschen vor dem Mixen heraus und legen sie anschließend beim Servieren wieder obenauf. Schmecken Sie die Suppe mit Salz und Pfeffer, Muskat und Zitronensaft würzig ab. In Portionsschalen mit gehackter Petersilie und Chiliflocken bestreut servieren.

KARTOFFELSUPPE MIT SPINAT

4 Port.

20 Min.

Leicht

Zutaten

300 g Kartoffeln, mehligkochend
1 mittelgroße Zwiebel
1 fingerlanges Stück Ingwer (ca. 20 g)
2 EL Olivenöl
1 TL Curry
1 l Gemüsebrühe
400 g Babyspinat (alternativ TK-Spinat)
Salz, Pfeffer n. B.
½ TL Muskat
2 EL Orangensaft
1 Kästchen Gartenkresse

Sie benötigen:
Pürierstab

Nährwerte p. P.

169 kcal
18 g Kohlenhydrate
8 g Fett
3 g Eiweiß

1 Die Kartoffeln schälen, waschen und klein würfeln. Zwiebel und Ingwer schälen und fein hacken. Spinat putzen, waschen und in einem Sieb abtropfen lassen. TK-Spinat auftauen.

2 In einem Topf das Olivenöl erhitzen, Kartoffeln, Zwiebelwürfel und Ingwer darin kurz anschwitzen. Das Currypulver darüber stäuben, kurz mit andünsten. Mit der Gemüsebrühe aufgießen und zugedeckt bei mittlerer Hitze ca. 10 Min. köcheln lassen.

3 Vom Spinat einige zarte Blätter beiseitelegen, den übrigen zur Suppe geben und einmal kurz mit aufkochen.

4 Die Suppe fein pürieren, mit Salz, Pfeffer, Orangensaft und Muskat würzig abschmecken. In tiefen Tellern anrichten, mit den Spinatblättern und der Kresse garnieren.

Salate

HERBSTSALAT

4 Port.

10 Min.

Leicht

Zutaten

200 g Feldsalat
2 mittelgroße Möhren
4 Schälchen Kresse
2 Orangen
2 EL Olivenöl
½ TL Kräutersalz
½ TL schwarzer Pfeffer
4 EL Pinienkerne (alternativ Walnüsse, Sonnenblumenkerne)

Nährwerte p. P.

130 kcal
4 g Kohlenhydrate
11 g Fett
4 g Eiweiß

1 Den Feldsalat putzen, waschen und in einem Sieb abtropfen lassen. Die Möhren schälen und mittelfein raspeln, die Kresse von den Schälchen schneiden.

2 Orangen auspressen, den Saft mit Olivenöl, Kräutersalz und Pfeffer zu einem Dressing verrühren.

3 Feldsalat mit den Karottenraspeln mischen, auf Tellern anrichten und mit dem Dressing beträufeln.

4 Die Kresse und die Pinienkerne auf dem Salat anrichten und frisch genießen.

MEDITERRANER SALAT MIT OLIVEN UND TOMATEN

4 Port. 15 Min. Leicht

Zutaten

250 g Rucola
160 g getrocknete Tomaten ohne Öl
100 g Oliven ohne Stein, grün oder schwarz
5 Zitronen
200 ml Olivenöl
4 EL Agavendicksaft oder Ahornsirup
1 EL Mandelmus
Kräutersalz, Pfeffer n. B.
1 EL Mediterrane Kräutermischung (Thymian, Rosmarin, Oregano)
2 EL Pinienkerne

Nährwerte p. P.

597 kcal
17 g Kohlenhydrate
56 g Fett
7 g Eiweiß

1 Rucola waschen, eventuell zu harte Stiele entfernen und trockentupfen. Die getrockneten Tomaten und Oliven kleinschneiden und mit dem Rucola vermischen.

2 Zitronen auspressen, den Saft mit Olivenöl, Mandelmus, Agavendicksaft, Salz und Pfeffer n. B. im Mixer oder mit dem Pürierstab fein pürieren. Noch einmal abschmecken und das Dressing über den Salat träufeln, mit den Pinienkernen und Kräutermischung bestreuen.

ROTE-BETE-APFEL-SALAT MIT NÜSSEN

4 Port. 15 Min. Leicht

Zutaten

2 mittelgroße Rote Bete
2 milde Äpfel (Delicious, Gala)
2 mittelgroße Möhren
Saft von 2 Zitronen
Salz, Pfeffer n. B.
1 Zweig Thymian
4 EL Walnussöl (alternativ Oliven- oder Distelöl)
2 Salatherzen
50 g Nussmischung (Cashewnüsse, Walnüsse, Haselnüsse, Pinienkerne)
2 EL Schmand (alternativ Pflanzencreme)

Nährwerte p. P.

258 kcal
16 g Kohlenhydrate
19 g Fett
4 g Eiweiß

1 Die Rote-Bete-Knollen und die Möhren waschen, schälen und mit der Rohkostreibe grob raffeln. Äpfel waschen, abtrocknen und mit Schale ebenfalls raffeln.

2 Zitronensaft mit Öl, Salz, Pfeffer und den abgezupften Thymianblättchen zu einem Dressing verrühren, das Gemüse damit mischen und kurz durchziehen lassen.

3 Die Salatherzen in einzelne Blätter teilen, waschen und trockentupfen. Portionsteller damit auslegen, den Salat darauf anrichten.

4 Nüsse und Kerne nach Belieben grob hacken, auf jede Portion einen TL Schmand oder Pflanzencreme geben und mit den Nüssen bestreuen.

POWER-PASTA-SALAT

4 Port.

15 Min.

Leicht

Zutaten

400 g Linsennudeln (siehe Tipp)
2 TL Salz
500 g Kirsch- oder Cocktailtomaten
2 Bund Basilikum
4 EL Pinienkerne (alternativ Sonnenblumenkerne, Cashews oder Mandeln)
6 EL Olivenöl
4 EL Zitronensaft
2 TL Senf
2 TL Agavendicksaft oder Honig
2 EL Mandelmus
Pfeffer n. B.
200 g frische Blaubeeren
250 g Mozzarella

Nährwerte p. P.

883 kcal
69 g Kohlenhydrate
44 g Fett
47 g Eiweiß

1 Die Linsennudeln mit Salz in reichlich Wasser al dente garen, in einem Sieb abtropfen lassen.

2 Die Tomaten waschen und je nach Größe halbieren oder vierteln. Das Basilikum abbrausen, trockenschütteln und die Blätter von den Stängeln zupfen. Kerne in einer Pfanne für ca. 3 Min. trocken rösten, bis sie zu duften beginnen, dann auf einem Teller abkühlen lassen.

3 Für die Salatsoße Olivenöl mit Zitronensaft, Senf, Agavendicksaft/Honig und dem Mandelmus gut verrühren, mit Salz und Pfeffer abschmecken. In einer Schüssel die Nudeln mit Tomaten, der Hälfte des Basilikums und dem Dressing mischen.

4 Nüsse und Kerne nach Belieben grob hacken. Die Blaubeeren waschen und auf Küchenpapier trockentupfen, den Mozzarella in Stücke zupfen. Die restlichen Basilikumblätter, Käse und Blaubeeren auf den Salat geben und mit den gerösteten Kernen bestreuen.

Tipp: Pasta aus Linsen schmeckt nicht nur lecker, sondern punktet auch mit einem hohen Anteil an pflanzlichem Eiweiß!

GRÜNER SPARGELSALAT

6 Port.

30 Min.

Leicht

Zutaten

150 g Quinoa
500 ml Wasser
500 g grüner Spargel
300 g Kichererbsen, gekocht
1 Bund Frühlingszwiebeln
2 mittelgroße Möhren
1 kleine Salatgurke
2 Limetten (alternativ Zitronen)
Je 2 TL Salz, Pfeffer und Paprikapulver, edelsüß
2 EL Walnussöl (alternativ Olivenöl, Distelöl)
150 g Walnüsse, gehackt

Sie benötigen:
Sparschäler

Nährwerte p. P.

396 kcal
31 g Kohlenhydrate
23 g Fett
12 g Eiweiß

1 Quinoa mit dem Wasser aufkochen, bei niedriger Hitze ca. 15 Min. köcheln lassen. Mit einem Sieb abgießen. Die Kichererbsen abgießen und mit kaltem Wasser abspülen.

2 Den Spargel waschen, eventuell holzige Stellen am Ansatz wegschneiden und in ca. 3 cm lange Stücke schneiden. In einer erhitzten Pfanne die Spargelstücke für 2-3 Min. anbraten, evtl. 2 EL Wasser dazugeben. Salzen und pfeffern nach Geschmack.

3 Quinoa und Kichererbsen in eine große Salatschüssel geben. Limetten auspressen.

4 Die Frühlingszwiebeln putzen, in feine Ringe schneiden, Möhren und Gurke schälen und mit dem Sparschäler in dünne Nudeln schneiden. Das Gemüse und die Spargelstücke mit dem Limettensaft in die Schüssel geben und alle Zutaten gut durchmischen. Mit den Gewürzen abschmecken, nach Belieben Walnussöl darüber träufeln und mit gehackten Walnüssen bestreut servieren.

KICHERERBSENSALAT MIT APRIKOSEN UND FENCHEL

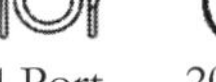

4 Port. 20 Min. Leicht

Zutaten

8 reife Aprikosen
2 Orangen
2 kleine Fenchelknollen (ca. 275 g)
250 g gekochte Kichererbsen (Glas oder Dose mit ca. 400 g Einwaage = ca. 250 g Kichererbsen nach Abtropfen), siehe Tipp
1 kleine rote Zwiebel
2 EL Zitronensaft
1 EL Senf, mittelscharf
1 EL Honig (alternativ Agavendicksaft)
6 EL Olivenöl
Salz, schwarzer Pfeffer n. B.
1 TL Chiliflocken
1 EL Gartenkräuter, gehackt

Nährwerte p. P.

378 kcal
29 g Kohlenhydrate
24 g Fett
6 g Eiweiß

1 Die Fenchelknollen halbieren, putzen und waschen, anschließend sehr fein längs mit einem Gemüsehobel oder einem Messer schneiden.

2 Die Aprikosen waschen, abtrocknen, halbieren und entsteinen. Die Hälften in Spalten schneiden.

3 Die beiden Orangen heiß abwaschen und abtrocknen. Von einer Orange die Schale vollständig abschneiden, auch das weiße Innere. Diese Frucht in dünne Scheiben schneiden, die andere Frucht auspressen.

4 Die Kichererbsen in einem Sieb kalt abspülen und abtropfen lassen. Die rote Zwiebel schälen und in sehr feine Ringe schneiden.

5 Für die Salatsoße den Orangensaft mit Zitronensaft, Senf, Olivenöl und Honig glattrühren, mit Salz und Pfeffer nach Geschmack würzen. Die Zwiebelringe unter die Soße rühren.

6 Richten Sie auf Portionstellern die Salatkomponenten dekorativ an und beträufeln Sie alles mit der Salatsoße. Mit Chiliflocken und Kräutern bestreut servieren.

Tipp: Wenn Sie die Kichererbsen selbst kochen, lassen Sie für dieses Rezept 125 g getrocknete Kichererbsen mit der doppelten Menge Wasser aufkochen, geben etwas Salz dazu und garen die Erbsen in ca. 25 Min. bei niedriger Hitze weich.

BELUGALINSEN-SALAT

4 Port. 4 Tage Leicht

Zutaten

400 g Belugalinsen, eingeweicht und vorgekeimt (siehe Tipp) = 200 g getrocknete Linsen
400 g Pastinaken
400 ml Gemüsebrühe
2 TL Kurkumapulver
2 TL Salz
2 EL Hanföl (alternativ kaltgepresstes Pflanzenöl Ihrer Wahl)
1 Bio-Zitrone
1 Bund glatte Petersilie
1 TL Chiliflocken

Nährwerte p. P.

313 kcal
42 g Kohlenhydrate
6 g Fett
16 g Eiweiß

1 Die Pastinaken schälen und in kleine Würfel schneiden. Zusammen mit den Linsen in der Gemüsebrühe aufkochen, Kurkuma hinzufügen und auf kleiner Hitze in ca. 10 Min. weich köcheln. In eine Schüssel umfüllen und abkühlen lassen.

2 Zitrone heiß abwaschen und trockentupfen, mit der Schale längs in Spalten und diese in dünne Scheibchen schneiden. Die Petersilie waschen und trockenschütteln, Blättchen von den Stängeln zupfen und grob hacken.

3 Alle Zutaten in der Schüssel gut durchmischen und 1 Std. durchziehen lassen, nach Geschmack nachwürzen und kühl servieren.

Tipp: Eingeweichte Linsen beginnen nach 24 Std. bereits, einen kleinen Keim auszubilden, der ein wahrer Vitamin- und Mineralstoffriese ist. Begießen Sie dazu die Linsen (im Rezept oben 200 g getrocknete Linsen) mit so viel kaltem Wasser, dass sie bedeckt sind, und lassen Sie sie für 24 Std. bei Zimmertemperatur stehen. Am nächsten Tag spülen Sie die Linsen mit reichlich kaltem Wasser ab, bedecken sie wieder mit Wasser und lassen sie weitere 24 Std. stehen. Danach gießen Sie das Einweichwasser ab, spülen die Linsen noch einmal in einem Sieb ab und fahren dann mit dem obigen Rezept fort.
Wer den Geschmack der Zitronenstückchen im Salat nicht mag, presst die Früchte einfach aus und gibt den Zitronensaft zu den restlichen Salatzutaten.

NUDELSALAT MIT ZUCKERSCHOTEN

4 Port.

30 Min.

Leicht

Zutaten

200 g Vollkornnudeln (oder Linsennudeln)
2 TL Salz
200 g Zuckerschoten, frisch
250 g kleine Champignons (braun oder weiß)
6 EL Sonnenblumenöl
4 EL Zitronensaft (oder Essig)
Salz, Pfeffer n. B.
2 TL Honig (alternativ Dattelsüße oder Agavendicksaft)
2 Kästchen Gartenkresse
20 g Sonnenblumenkerne

Nährwerte p. P.

443 kcal
43 g Kohlenhydrate
24 g Fett
11 g Eiweiß

1 In einem Topf reichlich Wasser zum Kochen bringen, 2 TL Salz und die Nudeln dazugeben und nach Packungsanleitung die Nudeln bissfest kochen.

2 Die Enden der Zuckerschoten abschneiden, waschen und schräg in Hälften oder Drittel schneiden, kurz vor Ende der Kochzeit zu den Nudeln geben und 2 Min. mitgaren. Die Nudeln und Erbsen in einem Sieb abgießen und in einer weiten Schüssel zum Abkühlen beiseitestellen.

3 Die Pilze putzen und mit einem Küchenpapier abreiben, bei Bedarf halbieren.

4 In einer Pfanne 2 EL Öl erhitzen, die Pilze darin unter Wenden 2 Min. scharf anbraten und zu den Nudeln geben.

5 Zitronensaft oder Essig, Salz, Pfeffer und Honig verrühren, dann das restliche Öl mit dem Schneebesen unterschlagen, bis die Soße leicht cremig wird.

6 Kresse mit der Schere vom Kästchen schneiden, in einem Sieb abbrausen und zum Salat geben. Die Salatsoße über die Zutaten geben und alles gut durchmischen. Mit den Sonnenblumenkernen bestreut servieren.

BUCHWEIZEN-TABOULEH

4 Port.

1,5 Std.

Leicht

Zutaten

400 g Buchweizen, ganz
1 l Wasser
1 TL Salz
4 Frühlingszwiebeln
4 mittelgroße Tomaten
2 Bund glatte Petersilie
2 Zweige Thymian
2 TL Kreuzkümmel
2 TL Paprikapulver, edelsüß
100 ml Olivenöl
2 Bio-Zitronen
Salz, Pfeffer n. B.

Nährwerte p. P.

620 kcal
79 g Kohlenhydrate
27 g Fett
11 g Eiweiß

1 Den Buchweizen mit kaltem Wasser abspülen, dann mit dem Wasser und dem Salz aufkochen und bei niedriger Temperatur ca. 20 Min. köcheln lassen, bis die Körner weich sind und das Wasser fast aufgesogen ist. Auf einem Sieb abgießen und abkühlen lassen.

2 Frühlingszwiebeln putzen und in feine Ringe schneiden. Die Tomaten putzen, dabei die Stielansätze entfernen und das Fruchtfleisch in kleine Würfel schneiden. Petersilie abbrausen, trockenschütteln und die Blätter von den Stängeln zupfen. Thymianblättchen von den Stängeln streifen und zusammen mit der Petersilie fein hacken. Die Zitronen heiß abwaschen und gut abtrocknen, von einer Frucht die Schale fein abreiben, die Früchte auspressen.

3 Olivenöl und Zitronensaft mit Salz und Pfeffer glatt rühren.

4 Den Buchweizen mit Tomatenwürfeln, Zwiebelringen und gehackten Kräutern in eine Schüssel geben, mit Kreuzkümmel, Zitronenschale und Paprikapulver würzen und alles vorsichtig miteinander vermengen. Das Dressing darüber gießen und alles gut mischen.

5 Den Salat für mindestens 1 Std. kühl stellen. Je länger er durchziehen kann, desto aromatischer wird dieser sommerlich-frische Sattmacher.

Tipp: Original wird in Taboulé frische Minze verwendet, die bei Reflux oft Beschwerden macht. Deshalb sind hier Zitrone und Thymian als aromatischer Frischekick angegeben; haben Sie keine Probleme mit Minze, können Sie 1 Bund Minze kleingehackt unterarbeiten.

Vorspeisen

GEFÜLLTES EI IM KRESSENEST

4 Port.

15 Min.

Leicht

Zutaten

4 Eier, Gr. M
½ Schalotte (alternativ: 1 Frühlingszwiebel)
½ Bund Schnittlauch
60 g Magerquark
60 g fettreduzierter Frischkäse, 13 % Fett (alternativ: Hüttenkäse)
Salz, Pfeffer n. B.
1 Prise Paprikapulver, edelsüß
1 Kästchen Kresse
2 EL Joghurt, 0,3 % Fett

Nährwerte p. P.

100 kcal
3 g Kohlenhydrate
6 g Fett
9 g Eiweiß

1 Die Eier in 8 Min. hart kochen.

2 Die Schalotte oder Frühlingszwiebel putzen und fein hacken, Schnittlauch abbrausen, trockentupfen und in feine Röllchen schneiden.

3 Die Eier nach der Kochzeit in kaltem Wasser abschrecken, schälen und längs in Hälften teilen. Die Eigelbe mit Hilfe eines kleinen Löffels vorsichtig heraustrennen und in einer Schüssel fein zerdrücken.

4 Quark, Frischkäse, Zwiebel und Schnittlauch zu den Eigelben geben und gut verrühren, mit Paprikapulver, Salz und Pfeffer würzig abschmecken.

5 Die Kresse mit einer Schere von der Unterlage schneiden und auf einen Teller füllen. Joghurt in einem kleinen Schälchen glattrühren.

6 Die Eihälften mit der runden Seite in den Joghurt tauchen, danach in die Kresse, bis die Unterseiten schön mit Kresse bedeckt sind. Auf einen Teller setzen.

7 Aus der Eigelbmasse mit Löffel, Eisportionierer oder mit angefeuchteten Händen kleine Kugeln formen und in die Eihälften legen.

AVOCADO-SUSHI

2 Port.

15 Min.

Leicht

Zutaten

2 kleine Salatgurken (kernarm)
2 große Avocados
50 g Grünkohlblätter, frisch
1 Zitrone
Je ½ TL Salz, Kreuzkümmel und Chilipulver
1 TL Sesamsamen

Sie benötigen:
Sparschäler oder Gemüsehobel

Nährwerte p. P.

511 kcal
5 g Kohlenhydrate
48 g Fett
7 g Eiweiß

1 Die Gurken waschen, abtrocknen und der Länge nach in ca. 2 mm dicke Streifen schneiden. Das geht gut mit einem Sparschäler oder einem Gemüsehobel. Streifen mit Kernen und die äußersten (grünen) Streifen verwerfen. Die restlichen Streifen auf einem Brett flach auslegen.

2 Die Avocado schälen und entsteinen, das Fruchtfleisch in einer Schüssel fein zerstampfen. Grünkohlblätter in sehr feine Streifen schneiden und zum Avocadomus geben.

3 Die Zitrone heiß abwaschen, abtrocknen und einen Streifen der Schale sehr dünn abschneiden. Schale in feinste Streifchen schneiden, die Zitrone auspressen und den Saft mit Salz, Kreuzkümmel und Chilipulver zur Avocadomasse geben. Alles gut vermengen.

4 Auf jedem Gurkenstreifen einen Teil der Füllung verstreichen und vorsichtig aufrollen, mit einem Zahnstocher feststecken.

5 Auf Tellern die Röllchen aufrecht stehend anrichten, mit den Zitronenschalen und Sesamsamen bestreut servieren.

Tipp: Auch wenn dieses Rezept auf den ersten Blick nicht zu den kalorienärmsten gehört – der Fettanteil der Avocados besteht aus überwiegend ungesättigten Fettsäuren, z. B. Omega-3-Fettsäuren, die dem Körper sogar beim Fettabbau helfen können. Außerdem sind sie reich an den Vitaminen A und E sowie Carotin – gesunde Kraftpakete also, die auch noch lange satt machen.

GURKENRÖLLCHEN MIT FRISCHKÄSE

4 Port. 15 Min. Leicht

Zutaten

2 Salatgurken, kernarm
50 g Pecorino-Käse (oder Hartkäse, pflanzlicher Käse n. B.)
100 g Joghurt, Natur, 1,5 % Fett (alternativ Pflanzenjoghurt)
250 g Frischkäse (alternativ pflanzliche Frischkäsecreme)
Salz, Pfeffer n. B.
100 g Oliven, schwarz, entsteint
100 g getrocknete Tomaten ohne Öl
3 Stiele Thymian

Sie benötigen:
Sparschäler oder Gemüsehobel

Nährwerte p. P.

236 kcal
10 g Kohlenhydrate
15 g Fett
14 g Eiweiß

1 Die Gurken waschen, abtrocknen und der Länge nach in ca. 2 mm dicke Streifen schneiden (siehe Tipp). Die Scheiben auf einem Brett flach auslegen.

2 Den Hartkäse fein reiben, mit Frischkäse und Joghurt gut verrühren und mit Salz und Pfeffer würzen.

3 Die Gurkenscheiben mit Küchenpapier trockentupfen, jede mit Käsecreme bestreichen.

4 Die Oliven und Tomaten hacken, vom Thymian 12 kleine Stielenden abschneiden. Auf jede Gurkenscheibe an einem Ende etwas von der Olivenfüllung und 1 Thymianstängelchen geben, von diesem Ende her locker aufrollen und aufrecht stehend auf einer Platte anrichten.

Tipp: Um bei den Gurken möglichst wenige Kerne zu erwischen, die meist bitter schmecken, wählen Sie kleine, feste Gurken aus. Hobeln Sie rundum Streifen ab, bis Sie auf Kerne stoßen, dann von der nächsten Seite Streifen schneiden.

TOMATEN-KALTSCHALE

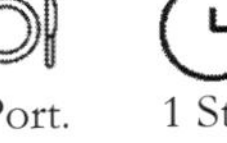

6 Port. | 1 Std. 15 Min. | Leicht

Zutaten

2 Salatgurken (kernarm)
3 Stangen Sellerie mit Grün
8 Fleischtomaten
2 Zitronen
2 rote Chilischoten, frisch
Je 1 TL Salz und Pfeffer
1 Bund glatte Petersilie
2 Stängel Basilikum

Sie benötigen:
Standmixer oder Pürierstab

1 Die Gurken waschen, nach Belieben schälen und in grobe Stücke schneiden. Das Selleriegrün zur Seite legen, die Stangen grob schneiden. Tomaten waschen, putzen und in Würfel schneiden, die Chilischoten waschen und evtl. entkernen. Zitronen auspressen. Die Petersilie und das Basilikum waschen, trockenschütteln und die Blätter von den Stängeln zupfen.

2 Alle Zutaten außer Basilikum und Selleriegrün im Mixer nicht zu fein pürieren, es dürfen noch kleine Stückchen sichtbar sein. Abschmecken und 1 Std. kaltstellen.

3 Richten Sie die Kaltschale mit Basilikum- und Sellerieblättern an und servieren Sie dazu Grissini, Cracker oder Gemüsechips.

Nährwerte p. P.

57 kcal
8 g Kohlenhydrate
0 g Fett
3 g Eiweiß

TOMATEN-CAPRESE

4 Port.

10 Std
15 Min.

Leicht

Zutaten

Zutaten veganer Mozzarella:
400 ml Wasser
2 EL Flohsamenschalen (siehe Tipp)
100 g Cashewnüsse, ungesalzen
4 EL Hefeflocken
2 EL Zitronensaft
Je ½ TL Salz und Pfeffer
1 Knoblauchzehe

Außerdem:
4 Fleischtomaten
2 EL Olivenöl
1 Bund Basilikum
Salz n. B.
Schwarzer Pfeffer, geschrotet

Sie benötigen:
Standmixer

Nährwerte p. P.

305 kcal
13 g Kohlenhydrate
20 g Fett
14 g Eiweiß

1 Die Flohsamenschalen in einer Schüssel mit dem Wasser übergießen und 2 Std. quellen lassen.

2 Cashewnüsse mit Wasser bedeckt ebenfalls 2 Std. einweichen, besser noch über Nacht. Nach der Einweichzeit das Wasser von den Nüssen abgießen.

3 Die gequollenen Flohsamen und die Cashews mit Zitronensaft, Hefeflocken, der Knoblauchzehe, Salz und Pfeffer im Mixer einige Minuten cremig mixen. Die Masse sollte weiß und frei von Stückchen sein.

4 Die Masse in eine Schüssel oder Form geben, abdecken und im Kühlschrank über Nacht fest werden lassen.

5 Am nächsten Tag den veganen Mozzarella stürzen und in Scheiben schneiden. Die Tomaten waschen, Stielansätze herausschneiden und ebenfalls in Scheiben schneiden. Abwechselnd mit den Mozzarellascheiben auf einer Platte arrangieren.

6 Basilikum abbrausen, abtrocknen und die Blätter von den Stängeln zupfen. Die Tomaten mit Olivenöl beträufeln, mit Salz und Pfeffer würzen und mit den Basilikumblättern belegen.

Tipp: Dieser selbstgemachte vegane Mozzarella eignet sich nicht nur zum Frischverzehr, er schmilzt auch beim Überbacken. Flohsamenschalen sind ein pflanzliches Quellmittel, das für geregelte Verdauung sorgen kann, beim Quellen entstehende Schleimstoffe wirken schützend auf die Darmschleimhaut und nebenbei finden die Schalen überall da Verwendung, wo man auf Gelatine und ähnliche Quellmittel verzichten möchte. Auch ohne Kochen bilden die Schalen eine geleeartige Substanz mit Flüssigkeit und sorgen für Festigkeit in Speisen.

Hauptgerichte mit Fleisch und Fisch

KOHLRABI-KARTOFFEL-AUFLAUF MIT GURKENSALAT

4 Port.

1 Std. 10 Min.

Leicht

Zutaten

8 festkochende Kartoffeln (ca. 800 g)
2 mittelgroße Kohlrabi mit Grün (ca. 600 g)
6 Scheiben gekochter Schinken
200 ml Milch, 1,5 % Fett
150 ml Kochsahne
1 TL Butter
Salz, Pfeffer n. B.
½ TL Muskatnuss, gerieben
50 g Parmesan, gerieben
1 Salatgurke
1 kleine Zwiebel
½ Bund Dill
Saft einer ½ Zitrone
5 EL Joghurt, 1,5 % Fett
1 EL Sonnenblumen- oder Distelöl

Nährwerte p. P.

408 kcal
47 g Kohlenhydrate
13 g Fett
22 g Eiweiß

1 Die Kartoffeln und den Kohlrabi waschen, schälen und in dünne Scheiben hobeln. Das Grün vom Kohlrabi nicht zu fein hacken. Schinken in Streifen oder Würfel schneiden.

2 In einer Schüssel Kartoffeln, Kohlrabi und Schinken mit den gehackten Blättern, Salz, Pfeffer und Muskatnuss gut durchmischen.

3 Eine Auflaufform mit der Butter ausfetten, den Backofen auf 180 °C (Umluft) vorheizen, Milch und Sahne miteinander verrühren.

4 Schichten Sie die Kartoffel-Kohlrabi-Mischung in die Auflaufform und gießen Sie das Milch-Sahne-Gemisch darüber. Bestreuen Sie alles mit dem Parmesan und backen Sie den Auflauf für 40 Min. goldbraun.

5 Für den Gurkensalat nach Belieben die Gurke schälen und in feine Scheiben hobeln. Zwiebel fein würfeln, Dill abbrausen und fein hacken. Joghurt mit Zitronensaft und Öl glattrühren, die Zwiebel und den Dill dazu rühren und mit Pfeffer und Salz abschmecken. Mit den Gurkenscheiben mischen und zum Auflauf servieren.

Tipp: Das Grün vom Kohlrabi enthält wertvolle Mineralien und sollte deshalb nicht in den Müll wandern!

Möchten Sie den Auflauf als vegetarische oder vegane Version zubereiten, lassen Sie den Schinken weg und ersetzen Milch, Sahne, Butter und Käse durch pflanzliche Alternativen.

MEDITERRANE PUTENROULADEN MIT GNOCCHI

4 Port.

9 Std.

Mittel

Zutaten

Rouladen:
4 Putenschnitzel
4 Scheiben Bacon (Frühstücksspeck)
100 g getrocknete Tomaten, in Öl
1 Bund Basilikum
4 EL Pinienkerne (alternativ Sonnenblumenkerne)
16 Oliven ohne Kerne
50 g Parmesan oder Grana Padano (oder veganer Käse)
2 EL Olivenöl
1 TL Chiliflocken
Salz, Pfeffer

Gnocchi:
600 g mehligkochende Kartoffeln
150–200 g Mehl Type 550 (auch Kartoffelmehl oder Speisestärke ist geeignet)
1 Ei, Gr. M
1 TL Salz
½ TL Muskat, gerieben

Nährwerte p. P.

711 kcal
59 g Kohlenhydrate
25 g Fett
59 g Eiweiß

1 Am Vortag die Kartoffeln für die Gnocchi waschen und mit Schale ca. 20 Min. kochen lassen. Abschütten und ausgebreitet über Nacht abkühlen lassen.

2 Die Putenschnitzel waschen, trockentupfen und zwischen 2 Lagen Klarsichtfolie sanft flacher klopfen. Das geht gut mit einem großen breiten Messer oder einem Teigroller.

3 Das Basilikum waschen und trockenschütteln, die Blätter von den Stängeln zupfen. Getrocknete Tomaten in einem Sieb abtropfen lassen und auf Küchenpapier noch etwas nachtrocknen. Tomaten und Oliven fein hacken. Die Pinienkerne in einer kleinen Pfanne trocken anrösten, bis sie zu duften beginnen, auf einem Teller abkühlen lassen. Nach Belieben die Kerne auch noch etwas hacken und mit Tomaten, Oliven und Chiliflocken mischen.

4 Die Fleischscheiben mit Salz und Pfeffer würzen und auf jede mittig eine Baconscheibe legen. Mit Basilikumblättern belegen und einen Teil der Tomatenfüllung auf 1 Hälfte verteilen. Die Scheiben aufrollen, dabei die seitlichen Ränder etwas einklappen. Fixieren Sie die Rouladen mit Zahnstochern oder Küchengarn.

5 In einer Pfanne das Olivenöl erhitzen und die Rouladen darin anbraten, bis sie leicht gebräunt sind. Dann den Deckel auflegen und bei milder Hitze 20 Min. im eigenen Saft garen lassen, bei Bedarf etwas Brühe oder Wasser angießen.

6 Bringen Sie in einem großen Topf ca. 3 l Wasser zum Kochen, fügen Sie 3 TL Salz hinzu.

7 Die Pellkartoffeln schälen und durch eine Kartoffelpresse drücken oder mit einer Reibe fein reiben. Geben Sie Mehl (Stärkemehl), Ei, Salz und Muskat dazu und verkneten Sie das Ganze rasch zu einem Teig.

8 Auf einer bemehlten Unterlage formen Sie daumendicke Rollen, schneiden ca. 2 cm lange Stücke davon ab und drücken mit einer Gabel das typische Gnocchimuster hinein.

9 Geben Sie die Gnocchi in das kochende Wasser und lassen Sie sie bei reduzierter Hitze ca. 2-3 Min. ziehen, bis sie oben schwimmen. Mit einem Schaumlöffel herausheben und warmstellen.

10 Die fertigen Rouladen von Zahnstochern oder Küchengarn befreien, schräg in Scheiben schneiden, auf Portionstellern mit den Gnocchi anrichten und mit dem Bratensud begießen. Parmesan in groben Spänen darüber hobeln und mit einigen Basilikumblättern garnieren.

HÜHNCHEN-KARTOFFEL-PFANNE MIT EI

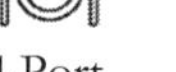

4 Port. 25 Min. Leicht

Zutaten

150 g gekochtes Hähnchenbrustfilet ohne Haut
2 mittelgroße Kartoffeln
1 kleine gelbe Zucchini
1 EL Olivenöl
Salz, Pfeffer n. B.
5 Eier, Gr. M
100 g Cheddarkäse (alternativ veganer Käse)
2 EL Wasser
1 Bund glatte Petersilie oder Schnittlauch

Nährwerte p. P.

305 kcal
9 g Kohlenhydrate
19 g Fett
22 g Eiweiß

1 Die Kartoffeln waschen, schälen und in ca. 1 cm große Würfel schneiden. Zucchini waschen, trockentupfen und ebenfalls würfeln. Hähnchenbrust in schmale Streifen schneiden.

2 In einer beschichteten Pfanne das Olivenöl erhitzen und die Kartoffelwürfel darin ca. 7 Min. braten, bis sie leicht bräunen, dann sparsam salzen und mit Pfeffer nach Geschmack würzen. Zucchiniwürfel in die Pfanne geben und kurz mitbraten. Die Eier mit dem Wasser verquirlen.

3 Die Hähnchenbruststreifen zum Gemüse geben, Temperatur auf mittlere Hitze reduzieren und die verquirlten Eier in die Pfanne gießen. Alles einmal durchrühren und mit geschlossenem Deckel 5 Min. garen.

4 Den grob geriebenen Käse darüberstreuen und schmelzen lassen. Das Gericht so lange garen lassen, bis die Eier vollständig durchgebraten sind.

5 Schnittlauch oder Petersilie waschen, trockentupfen und hacken. Auf Portionstellern anrichten und mit den Kräutern bestreut servieren.

FRUCHTIG-PIKANTES HÄHNCHENBRUSTFILET

4 Port.

1 Std. 10 Min.

Leicht

Zutaten

600 g Hähnchenbrustfilet
1 Bund Basilikum
1 kleine grüne Zucchini
2 reife Nektarinen
4 mittelgroße Tomaten
8 EL Olivenöl
Salz, Pfeffer n. B.
1 TL Chiliflocken
2 Zweige Thymian
1 Zweig Rosmarin

Nährwerte p. P.

480 kcal
10 g Kohlenhydrate
33 g Fett
34 g Eiweiß

1 Basilikum abbrausen, trockenschütteln und die Blätter von den Stielen zupfen. Die Blätter grob hacken.

2 Nektarinen, Zucchini und Tomaten putzen und in kleine Würfel schneiden. In einer Schüssel mit dem Basilikum mischen.

3 4 EL Olivenöl, Salz, Pfeffer und Chiliflocken zu der Mischung geben, alles gut vermengen und ziehen lassen.

4 Die Hähnchenbrustfilets abspülen, trockentupfen und im restlichen Öl in einer Pfanne 10-15 Min. bei mittlerer Hitze braten. Am Ende Thymian und Rosmarin kurz mit in die Pfanne legen und mitbraten.

5 Die Hähnchenbrustfilets schräg aufschneiden, auf Tellern platzieren, salzen und pfeffern und mit der Gemüsemischung anrichten.

SAUERKRAUT-PUFFER MIT LACHS

4 Port.

45 Min.

Mittel

Zutaten

250 g frisches Sauerkraut
600 g Kartoffeln, vorwiegend festkochend
2 Eier, Gr. M
2 EL Vollkornmehl (Dinkel oder Weizen, alternativ Kichererbsenmehl)
Salz, Pfeffer n. B.
120 ml Rapsöl
200 g Feldsalat
2 kleine milde Äpfel
4 EL saure Sahne
4 EL Zitronensaft
50 ml Milch, 1,5 % Fett
200 g Graved Lachs in Scheiben (alternativ Lachsforelle)
1 Bund Schnittlauch
1 Zitrone

Nährwerte p. P.

534 kcal
38 g Kohlenhydrate
32 g Fett
19 g Eiweiß

1 Die Kartoffeln schälen, waschen und trockentupfen. Auf der groben Reibe raspeln und in einem Sieb abtropfen lassen, mit den Händen gut ausdrücken, damit die Raspel möglichst trocken sind.

2 Den Feldsalat putzen, waschen und trockenschleudern. Die Äpfel waschen, vierteln und entkernen, in kleine Würfel schneiden.

3 Das Sauerkraut gut ausdrücken und in einer Schüssel mit Kartoffelraspeln, Eiern und Mehl vermengen. Mit Salz und Pfeffer würzen.

4 Den Backofen auf 80 °C (Umluft) vorheizen, ein Backblech mit Küchenpapier belegen.

5 In einer großen Pfanne das Öl portionsweise erhitzen und bei mittlerer Hitze aus der Kartoffel-Sauerkraut-Masse esslöffelgroße Portionen zu flachen Puffern ausbraten. Nach 3-4 Min. wenden und weitere 3 Min. braten. Die Puffer auf das Backblech legen und im Ofen warmhalten.

6 Saure Sahne, Zitronensaft und Milch glattrühren, nach Geschmack salzen und pfeffern. Schnittlauch abbrausen und in Röllchen schneiden. Die Zitrone heiß abwaschen und in dünne Scheibchen schneiden.

7 Den Feldsalat und Apfelwürfel mischen, auf Tellern verteilen und mit dem Dressing beträufeln. Die Puffer und Lachsscheiben dazu anrichten, mit Zitronenscheiben und Schnittlauch garnieren.

Tipp: Frisches Sauerkraut hat im Gegensatz zu fertig gekochten Konserven einen hohen Anteil an aktiver Milchsäure, die unserem Verdauungssystem wertvolle Hilfe leistet. Daher ist auch die Säure in diesem Rezept kein Problem. Die Puffer schmecken auch ohne Lachs sehr lecker!

LACHSFILET MIT NUSS-KRÄUTER-HAUBE

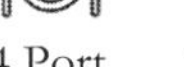

4 Port. 25 Min. Leicht

Zutaten

800 g Lachsfilet mit Haut (alternativ Lachsforelle), siehe Tipp
Salz, Pfeffer n. B.
4 EL Olivenöl
½ Bund glatte Petersilie
1 Bund Dill
40 g Walnusskerne
1 Knoblauchzehe
30 g Kapern
1 Bio-Zitrone

Nährwerte p. P.

633 kcal
3 g Kohlenhydrate
47 g Fett
48 g Eiweiß

1 Den Backofen auf 180 °C (Umluft) vorheizen, ein Backblech mit Backpapier belegen.

2 Den Fisch kalt abspülen, trockentupfen und mit der Hautseite nach unten auf das Backpapier legen. Salzen, Pfeffern und mit 2 EL Öl beträufeln. Auf der mittleren Schiebeleiste 12-15 Min. backen.

3 Für das Kräutertopping die Petersilie und den Dill waschen, trockenschütteln und die Blättchen von den Stielen zupfen, grob hacken.

4 Die Walnüsse in einer Pfanne kurz trocken anrösten, bis sie zu duften beginnen, dann auf einem Teller abkühlen lassen.

5 Die Knoblauchzehe durch eine Presse drücken, Kapern fein hacken, die Nüsse grob hacken. Die Zitrone heiß abwaschen, abtrocknen und die Schale fein abreiben, den Saft auspressen.

6 Nüsse, Kräuter, Kapern, Knoblauch, Zitronensaft und -schale mit dem restlichen Olivenöl sowie mit Salz und Pfeffer nach Geschmack verrühren.

7 Das Lachsfilet mit dem Backpapier vom Blech nehmen und auf Tellern anrichten. Die Kräutermischung darüber geben, mit frisch gemahlenem Pfeffer bestreuen und servieren.

Tipp: Eine gute Alternative zu Lachs ist die Lachsforelle. Ebenfalls reich an mehrfach ungesättigten Fettsäuren, liefert sie nur ca. die Hälfte an Fettkalorien als der Lachs.

FORELLENFILETS MIT SOMMERGEMÜSE

4 Port.

40 Min.

Leicht

Zutaten

4 frische Forellenfilets (ca. 600 g)
4 mittelgroße Kartoffeln (vorwiegend festkochend)
4 mittelgroße Möhren
2 Petersilienwurzeln
4 Stiele Mangold
2 Mairübchen (siehe Tipp)
500 ml Wasser
Salz, Pfeffer n. B.
Saft von 2 Zitronen
3 EL Rapsöl
1 Bund glatte Petersilie

Nährwerte p. P.

376 kcal
23 g Kohlenhydrate
15 g Fett
34 g Eiweiß

1 Die Forellenfilets abspülen und abtupfen. Eventuell Grätenreste mit einer Pinzette entfernen. Mit Zitronensaft beträufeln, salzen und pfeffern und zugedeckt ca. 15 Min. marinieren.

2 In der Zwischenzeit Kartoffeln, Möhren und Petersilienwurzeln schälen und in ca. 2 cm große Würfel schneiden. Vom Mangold die Blattanteile abtrennen und die Stiele ebenfalls in mundgerechte Stücke schneiden. Das Grün in feine Streifen schneiden. Mairübchen waschen, das Grün fein schneiden und die Rübchen in ca. 0,5 cm dicke Stifte schneiden.

3 Wasser in einem Topf zum Kochen bringen, leicht salzen und die Kartoffel-, Petersilienwurzel- und Möhrenwürfel darin 10 Min. kochen. Nach dieser Zeit die Mangoldstücke und Rübchen dazugeben und weitere 5 Min. mitkochen. Ganz zum Schluss die Mangoldstreifen unterheben. Das Gemüse abgießen, dabei die Brühe auffangen. Stellen Sie das Gemüse in einer Schüssel abgedeckt warm.

4 In einer Deckelpfanne die Forellenfilets nebeneinandergelegt mit 200 ml der Gemüsebrühe begießen und zugedeckt bei niedriger Hitze ca. 10 Min. dünsten. Die Brühe soll sich nur ganz leicht bewegen, nicht stark kochen.

5 Die Petersilie abbrausen, trocken schütteln und die Blätter von den Stielen zupfen. Gemüse mit Rapsöl, dem feingeschnittenen Grün der Rübchen und Petersilie vermischen, zusammen mit den Filets anrichten.

Tipp: Mairübchen sind leicht süßlich schmeckende, rettichartige Rüben, mild und nicht blähend. Sie können Sie sowohl roh als auch gegart verzehren.

FISCHFILETS MIT TOMATEN-ZUCCHINI-GEMÜSE

4 Port.

40 Min.

Leicht

Zutaten

600 g Fischfilet (Seelachs, Rotbarsch, Kabeljau, Zander)
1 Zitrone
2 kleine Zucchini
250 g Cocktail- oder Rispentomaten
2 mittelgroße Möhren
1 EL Olivenöl
200 ml Gemüsebrühe oder Fischfond
1 Bund glatte Petersilie
1 Bund Dill
Salz, Pfeffer n. B.
4 mittelgroße festkochende Kartoffeln

Nährwerte p. P.

359 kcal
24 g Kohlenhydrate
16 g Fett
26 g Eiweiß

1 Die Fischfilets abspülen, trockentupfen und mit einer Pinzette von eventuell vorhandenen Gräten befreien. Die Zitrone heiß abwaschen, abtrocknen und die Schale mit einem Sparschäler dünn abschälen, den Saft auspressen.

2 Den Fisch mit Zitronensaft beträufeln, Salz und Pfeffer darüberstreuen und vorsichtig einmassieren. 15 Min. abgedeckt ruhen lassen.

3 Möhren waschen und schälen, Zucchini nur putzen und waschen. Trockentupfen und mit dem Messer oder einem Sparschäler in dünne Streifen schneiden. Die Tomaten waschen, Stielansätze entfernen und halbieren.

4 Den Backofen auf 175 °C (Umluft) vorheizen.

5 3. In einer Pfanne das Olivenöl erhitzen, die Möhrenstreifen darin kurz andünsten. Mit der Gemüsebrühe oder dem Fischfond ablöschen und das Gemüse, auch Zucchini und Tomaten, in eine Auflaufform geben, nach Geschmack salzen und pfeffern.

6 Die Petersilie und den Dill waschen, trockenschütteln und die Blätter von den Stängeln zupfen. Die Stiele mit zu dem Gemüse in die Form legen, die Hälfte der Zitronenschale in Streifen ebenso. Darauf die Fischfilets arrangieren, alles mit dem Sud aus der Pfanne angießen und mit Alufolie abdecken. Ca. 20 Min. im Backofen garen.

7 In der Zwischenzeit die Kartoffeln waschen, in ausreichend Wasser 15-20 Min. garen, kalt abschrecken und pellen.

8 Petersilie und Dill getrennt hacken; die Kartoffeln halbieren, mit Salz nach Geschmack und Petersilie vermischen, den Fisch mit gehacktem Dill bestreuen und mit dem Gemüse und den Petersilienkartoffeln servieren.

SEELACHS „MÜLLERIN" MIT LINSEN-APFEL-GEMÜSE

4 Port.

40 Min.

Mittel

Zutaten

600 g Seelachsfilet
1 Zitrone
1 EL Weizenmehl Type 550
1 TL Salz
½ TL Pfeffer
1 EL gehackte Petersilie
4 EL Sesamöl (alternativ Distel- oder Sonnenblumenöl)
2 Petersilienwurzeln, ca. 200 g
2 mittelgroße Äpfel
1 mittelgroße Zwiebel
100 g rote Linsen
1 EL Olivenöl
2 EL feinst geschnittenes Suppengrün (oder, wenn vorhanden, fermentiertes Gemüse, siehe Rezept-Tipp am Ende des Rezepts)
1 Stück Ingwer, ca. 5 cm
200 ml Gemüsebrühe
2 TL Kreuzkümmel
Salz, Pfeffer n. B.
200 g Joghurt, Natur, fettarm (oder pflanzlicher Joghurt)

Nährwerte p. P.

497 kcal
34 g Kohlenhydrate
24 g Fett
33 g Eiweiß

1 Die Fischfilets abspülen, trockentupfen und mit einer Pinzette von eventuell vorhandenen Gräten befreien. Die Zitrone auspressen, die Filets mit dem Saft marinieren und 15 Min. ruhen lassen.

2 Petersilienwurzeln waschen, schälen und in ca. 1 cm große Würfel schneiden. Zwiebel schälen und in feine Streifen schneiden. Äpfel waschen, das Kerngehäuse entfernen und die Früchte in ca. 2 cm große Würfel schneiden. Ingwer schälen und sehr fein würfeln.

3 In einer Pfanne 1 EL Olivenöl erhitzen, darin die Zwiebeln kurz anschwitzen. Die Petersilienwurzeln und den Ingwer dazugeben, kurz mit andünsten. Die Linsen in die Pfanne geben, alles mit Gemüsebrühe aufgießen und den Kreuzkümmel sowie das Suppengrün einrühren. Verwenden Sie fermentiertes Gemüse, geben Sie es erst zum Ende der Garzeit hinzu.

4 Decken Sie die Pfanne ab und lassen Sie das Gemüse ca. 10 Min. leicht köcheln. Dann fügen Sie die Apfelwürfel hinzu und lassen das Gericht weitere 7-10 Min. köcheln, bis die Linsen weich sind. Schmecken Sie das Gemüse mit Salz, Pfeffer und Kreuzkümmel ab und fügen Sie fermentiertes Gemüse jetzt hinzu. Abgedeckt warmhalten, bis die Fischfilets fertig sind.

5 In einer flachen Schale das Mehl mit Salz, Pfeffer und der gehackten Petersilie mischen. Die Fischfilets etwas abtropfen lassen und in der Mehlmischung wenden.

6 In einer großen Pfanne das Sesamöl erhitzen und die Filets darin ca. 3 Min. von jeder Seite braten. Zusammen mit dem Linsen-Apfel-Gemüse und etwas Joghurt auf Portionstellern anrichten und servieren.

Tipp: Fermentiertes Gemüse ist ein toller Lieferant von Vitaminen und natürlicher Milchsäure, die dem Immunsystem und dem Darm auf die Sprünge helfen. Ein sehr einfaches und gelingsicheres Rezept dafür: Schneiden Sie alles an Gemüseresten, was beim Zubereiten anfällt oder übrig bleibt, in grobe Stücke. Häckseln Sie die Gemüsestücke im Blitzhacker nicht zu fein und vermischen Sie die Masse dann mit ca. 1 TL Salz pro 250 g Gemüse. Füllen Sie das Gemüse in ein sauberes Schraubdeckelglas und drücken Sie es fest hinein. Dann mit dem Deckel verschließen und ab in den Kühlschrank. Den Rest erledigen die mikrobiotischen Helfer auf dem Gemüse – es beginnt leicht, zu säuern. Wenn Sie das Glas nach einigen Tagen öffnen, kann ein wenig Überdruck entweichen und es riecht leicht sauer, so wie Sauerkraut. Dieses Fermentgemüse können Sie nun roh als eine Art Salat essen oder Sie mischen es unter passende Speisen. Im obigen Gericht wird es erst zum Schluss hinzugegeben, da durch Hitze ein Teil der Milchsäurebakterien wieder zerstört wird. Es verleiht dem Gericht eine angenehm säuerliche Note, was gut zum Fisch und den Linsen passt.

Wenn Sie die Salzmenge verdoppeln, erhalten Sie eine frische Grundlage für Gemüsebrühe, genauso zu verwenden wie fertige Brühe. Im Kühlschrank gelagert, hält dieses nachhaltige Rezept mehrere Wochen.

Hauptgerichte vegetarisch und vegan

HERBSTLICHE BOWL MIT OFENGEMÜSE

4 Port. 45 Min. Leicht

Zutaten

1 Hokkaido- oder Butternutkürbis, ca. 800 g
1 mittelgroßer Blumenkohl, ca. 450 g
800 g mehligkochende Kartoffeln
200 g Kichererbsen, fertig gegart
300 g Weintrauben
2 EL Olivenöl
Kräutersalz, Pfeffer n. B.
1 Zweig Rosmarin (alternativ 1 TL getrockneter Rosmarin)
6 EL Mandelmus
2 EL Olivenöl (alternativ Walnussöl, Leinöl)
Saft einer 1 Zitrone
2 EL gemischte Kräuter, gehackt (Petersilie, Thymian, Salbei, Dill, Liebstö-ckel, Schnittlauch)

Nährwerte p. P.

580 kcal
83 g Kohlenhydrate
18 g Fett
14 g Eiweiß

1 Backofen auf 200 °C (Ober-/Unterhitze) vorheizen.

2 Kürbis bei Bedarf schälen, Blumenkohl waschen. Beide Gemüsesorten in ca. fingerdicke Scheiben schneiden, mit 1 EL Öl, Kräutersalz, Pfeffer und Rosmarin in einer Auflaufform mischen und für 15-20 Min. auf der unteren Schiebeleiste backen.

3 Die Kartoffeln schälen, in Stücke schneiden und mit Wasser bedeckt in ca. 20 Min. weich kochen. Das Kochwasser zum größten Teil abgießen, die Kartoffeln mit 1 EL Olivenöl, dem restlichen Kochwasser und etwas Kräutersalz zu Püree stampfen.

4 Die Kichererbsen in einem Topf kurz aufkochen, abgießen und mit Kräutersalz abschmecken. Weintrauben waschen und abtupfen.

5 Mandelmus und Olivenöl glatt rühren, den Saft der Zitrone, die gehackten Kräuter und Salz nach Geschmack dazu rühren.

6 In Portionsschüsseln zuerst das Kartoffelpüree anrichten, darauf die Gemüsestücke, die Kichererbsen und die Weintrauben. Alles mit dem Dressing beträufeln und mit frischen Kräutern bestreut servieren.

SOMMERLICHE PASTA

4 Port.

30 Min.

Leicht

Zutaten

2 mittelgroße Zwiebeln
2 Knoblauchzehen
2 rote Paprikaschoten
500 g Fleischtomaten
1 EL Olivenöl
2 TL Agavendicksaft
100 g Cashewnüsse, ungesalzen
Saft von 2 Zitronen
200 ml Hafermilch (oder Mandelmilch)
2 Bund Basilikum
2 EL Pinienkerne (alternativ: Cashewnüsse)
Kräutersalz, Pfeffer n. B.
Mediterrane Kräutermischung n. B.
400 g Vollkornnudeln

Sie benötigen
Mixer oder Pürierstab

Nährwerte p. P.

612 kcal
91 g Kohlenhydrate
16 g Fett
21 g Eiweiß

1 Zwiebeln und Knoblauch schälen und in Würfel schneiden. Paprika und Tomaten waschen, entkernen und in grobe Stücke schneiden. Basilikum von den Stängeln zupfen.

2 Dünsten Sie in einer Pfanne die Gemüsestücke im Olivenöl kurz an, geben Sie mediterrane Kräuter nach Geschmack dazu und eine Handvoll Basilikumblätter. Dünsten Sie das Gemüse, bis die Tomaten weich sind, dann den Agavendicksaft dazugeben.

3 In der Zwischenzeit die Nudeln nach Packungsanleitung bissfest garen, ca. 200 ml Nudelwasser aufbewahren, die Nudeln in einem Sieb abgießen.

4 Das gedünstete Gemüse mit Cashewnüssen, Nudelwasser und Pflanzenmilch in einen Mixer oder ein geeignetes Gefäß geben, Zitronensaft und Gewürze sowie den Rest der Basilikumblätter dazugeben und alles zu einer feinsämigen Soße pürieren. Bei Bedarf noch etwas Pflanzenmilch oder Nudelkochwasser zugeben.

5 Richten Sie die heißen Nudeln mit der Soße begossen an, geben Sie einige Blätter Basilikum, etwas mediterrane Kräuter und gehackte Pinienkerne darüber - guten Appetit!

SÜSSKARTOFFEL-TOAST

6 Port.

30 Min.

Leicht

Zutaten

3–4 Süßkartoffeln (ca. 900 g)
1 EL Olivenöl
300 g Cocktailtomaten
2 Frühlingszwiebeln
1 ½ Avocados
50 g Alfalfasprossen (oder Sprossen nach Ihrem Geschmack)
300 g Frischkäse, 13 % Fett
Chiliflocken n. B.
Salz, Pfeffer n. B.
2 EL Leinsamen, ganz
2 EL Kürbiskerne
4 EL Limettensaft (alternativ Zitronensaft)
2 EL Kürbiskernöl

Nährwerte p. P.

424 kcal
43 g Kohlenhydrate
21 g Fett
11 g Eiweiß

1 Den Backofen auf 180 °C (Umluft) vorheizen, ein Backblech mit Backpapier auslegen.

2 Die Süßkartoffeln waschen, abtrocknen und schälen. Mit einem scharfen Messer längs in ca. 7 mm dicke Scheiben schneiden und auf das Blech legen. Mit dem Olivenöl bepinseln und ca. 15-20 Min. backen, bis die Kartoffeln gar sind.

3 In der Zwischenzeit die Tomaten waschen und halbieren oder in Viertel schneiden. Avocados entkernen und das Fruchtfleisch in Spalten schneiden. Sprossen waschen und trockenschütteln, Frühlingszwiebeln putzen und in feine Ringe schneiden. Den Frischkäse etwas glattrühren.

4 Die gegarten Süßkartoffel-Scheiben salzen und pfeffern, mit Frischkäse bestreichen und mit Avocado-Spalten und Tomaten belegen.

5 Sprossen, Frühlingszwiebeln, Leinsamen und Kürbiskerne darüber verteilen.

6 Salzen, pfeffern und mit Chiliflocken bestreuen. Zum Schluss mit Limettensaft und Kürbiskernöl beträufeln und noch warm servieren.

VEGETARISCHE KLOPSE KÖNIGSBERGER ART

6 Port.

1 Std.

Mittel

Zutaten

300 g Grünkernschrot
1 große Zwiebel
2 Knoblauchzehen
9 EL Olivenöl
2 EL Vollkornmehl
450 ml Milch, 1,5 % Fett (alternativ Pflanzendrink)
300 ml Kochsahne (alternativ Pflanzensahne)
60 g eingelegte Kapern
3 EL Zitronensaft
Salz, Pfeffer n. B.
2 Eier, Gr. M
80–100 g Vollkorn-Semmelbrösel
1 TL Majoran, getrocknet
1 TL Paprikapulver, edelsüß
900 g Brokkoli
2 l Salzwasser
1 Bund Dill

Nährwerte p. P.

622 kcal
57 g Kohlenhydrate
33 g Fett
20 g Eiweiß

1 Den Grünkernschrot mit der doppelten Menge Wasser aufsetzen, aufkochen und bei niedriger Hitze ca. 20 Min. weich garen. Die übrige Flüssigkeit abgießen, den Schrot in einer Schüssel abkühlen lassen.

2 Zwiebel und Knoblauch schälen und fein hacken. Dill von den Stängeln zupfen. In einem Topf 1 EL Olivenöl erhitzen, Zwiebel und Knoblauch darin glasig andünsten. Eine Hälfte der Mischung herausnehmen, über den Rest 2 EL Mehl streuen, gut umrühren und kurz anrösten.

3 Die kalte Milch angießen, mit dem Schneebesen gut verrühren und einige Minuten köcheln lassen. Den Topf vom Herd nehmen, Kapern samt Flüssigkeit, Sahne/Pflanzensahne und Zitronensaft unterrühren, die Soße kräftig mit Salz und Pfeffer abschmecken und warmhalten.

4 Den abgekühlten Grünkernschrot mit der restlichen Zwiebel-Knoblauch-Mischung, den Eiern und den Semmelbröseln vermengen. Mit Salz, Pfeffer, Majoran und Paprikapulver würzen und kurz ziehen lassen. Ist die Masse noch zu weich, 1-2 EL Semmelbrösel unterkneten, bis sich der Teig gut formen lässt. Ca. 24 kleine Klöße formen.

5 In einer Pfanne 2 EL Öl erhitzen, eine Portion der Klößchen darin rundum ca. 10 Min. braten. Im Backofen bei 60 °C (Umluft) warmhalten. So fortfahren, bis alle Klößchen gebraten sind, bei Bedarf immer wieder etwas Öl in die Pfanne geben.

6 Den Brokkoli waschen, harte Stellen abschneiden und vom Strunk aus längs in Stücke teilen. In kochendem Salzwasser ca. 5 Min. garen. Der Brokkoli soll noch Biss haben. Über ein Sieb abgießen, die Brühe eventuell auffangen für weitere Rezepte (Gemüsebrühe) und den Brokkoli in einer Pfanne im restlichen Olivenöl 3 Min. anbraten. Salzen und pfeffern.

7 Auf einem Teller die Klößchen mit Soße und Brokkoli anrichten, alles mit Dillblättchen bestreuen und servieren.

SPINATPFANNKUCHEN MIT TOMATEN-PILZ-RAGOUT

4 Port.

1 Std.

Leicht

Zutaten

500 g Vollkornmehl (Weizen oder Dinkel)
500 ml Milch, 1,5 % Fett (oder Pflanzenmilch)
1 TL Salz
½ TL Pfeffer
½ TL Muskat, gemahlen
1 Zehe Knoblauch
6 Eier, Gr. M
600 g Blattspinat (frisch oder TK)
2 EL gemischte Kräuter nach Belieben, gehackt
400 g frische Champignons
300 g Cocktail- oder Rispentomaten
Salz, Pfeffer n. B.
4 EL Olivenöl
200 g Feta

Nährwerte p. P.

871 kcal
86 g Kohlenhydrate
38 g Fett
36 g Eiweiß

1 Verquirlen Sie die Eier mit der Milch. In einer Schüssel das Mehl mit Salz, Pfeffer, Muskat und der gepressten Knoblauchzehe vermischen. Gießen Sie die Eiermilch dazu und rühren Sie alles zu einem gleichmäßigen flüssigen Teig. 10 Min. quellen lassen.

2 Den Spinat waschen, etwas abtropfen lassen (TK-Spinat direkt in die Pfanne geben) und in einer Pfanne kurz andünsten, bis die Blätter zusammenfallen, dann den Spinat fein hacken und unter den Pfannkuchenteig mischen.

3 Den Feta fein zerbröseln. Champignons und Tomaten putzen und halbieren bzw. vierteln.

4 In einer beschichteten Pfanne jeweils 1 TL Olivenöl erhitzen und aus dem Teig nacheinander dünne Pfannkuchen ausbacken. Beim Wenden jeweils etwas von den Fetabröseln auf die Oberseite streuen. Die fertigen Pfannkuchen zusammenklappen und auf einer Platte im Backofen warmhalten.

5 Im restlichen Olivenöl die Pilze anbraten, nach 3 Min. die Tomaten dazugeben und einige Minuten mit andünsten. Mit Salz und Pfeffer würzen.

6 Die Pfannkuchen auf Portionstellern mit dem Ragout anrichten und mit den gehackten Kräutern bestreuen.

GESCHMORTER CHICORÉE AUF FLADENBROT MIT KICHERERBSENCREME UND JOGHURT

4 Port.

1 Std.

Mittel

Zutaten

Zutaten Fladenbrot
300 g Dinkelmehl Type 630 (oder Weizenvollkornmehl)
2 gehäufte TL Weinsteinbackpulver
2 TL Salz
1 EL Olivenöl
120 g Joghurt, Natur, fettarm (alternativ Pflanzenjoghurt)
60 ml lauwarmes Wasser
1 EL Mehl zum Ausrollen

Zutaten Füllung
200 g Kichererbsencreme (siehe Rezept im Kapitel „Knabberkram, Aufstriche und Dips")
4 Stauden Chicorée
2 TL Kreuzkümmel
Salz, Pfeffer n. B.
4 EL Olivenöl

200 g Joghurt, Natur (alternativ Pflanzenjoghurt)
1 Bund glatte Petersilie
1 rote Peperoni

Sie benötigen:
Beschichtete große Pfanne

Nährwerte p. P.

841 kcal
68 g Kohlenhydrate
53 g Fett
17 g Eiweiß

1 Für das Fladenbrot alle trockenen Zutaten in einer Schüssel vermischen, dann Öl, 120 g Joghurt und Wasser dazugeben und gründlich verkneten, bis der Teig elastisch und gut formbar ist. Bei Bedarf noch etwas Wasser unterkneten. Zu einer Kugel formen und für 15 Min. unter einem Tuch ruhen lassen.

2 Den Teig vierteln, jeden Teil zu einer Kugel formen und auf der leicht bemehlten Unterlage zu ovalen Fladen in Größe der Pfanne ausrollen.

3 Die Pfanne auf mittlere bis hohe Temperatur vorheizen und den ersten Fladen hineinlegen. Nach 1-2 Min. umdrehen und die zweite Seite backen. Die Fladen sollten braune Flecken und leichte Blasen gebildet haben. So nacheinander alle Brote backen und aufeinandergestapelt unter einem Tuch beiseitestellen.

4 Die Chicoréestauden halbieren und den Strunk keilförmig herausschneiden. Die Schnittseiten mit Salz und Pfeffer sowie der Hälfte des Kreuzkümmels bestreuen. Die Petersilie waschen und von den Stängeln zupfen. Peperoni in Ringe schneiden.

5 In einer Pfanne das Olivenöl erhitzen und die Chicoréehälften mit den Schnittseiten nach unten darin einige Minuten schmoren.

6 Die Fladenbrote kurz im Backofen aufwärmen und je 1 Fladen auf einen Portionsteller legen. Mit der Kichererbsencreme bestreichen, darauf den restlichen Joghurt und die geschmorten Chicoréehälften anrichten. Mit dem restlichen Kreuzkümmel bestreuen und mit Petersilienblättchen und Peperoniringen garnieren.

GERÖSTETER BLUMENKOHL MIT HUMMUS UND GRANATAPFELKERNEN

4 Port. 40 Min. Mittel

Zutaten

Zutaten gerösteter Blumenkohl:
400 g Blumenkohl
1 EL Olivenöl
1 TL Thymian, getrocknet
1 TL Sesamsamen
1 TL Salz

Zutaten Blumenkohl-Hummus:
250 g Blumenkohl
150 g Romanesco (grüner Blumenkohl)
50 g Babyspinat
60 g Tahini (Sesammus)
2 EL Olivenöl
2 EL Zitronensaft
½ TL Kreuzkümmel
1 Prise Cayennepfeffer/Chilipulver
1 TL Salz

Außerdem:
4 EL Granatapfelkerne
2 EL Petersilie, gehackt
2 EL Olivenöl
Sie benötigen: Standmixer

Nährwerte p. P.

343 kcal
8 g Kohlenhydrate
29 g Fett
10 g Eiweiß

1 Heizen Sie den Backofen auf 180 °C (Ober-/Unterhitze) vor. Belegen Sie ein Backblech mit Backpapier.

2 Den Blumenkohl waschen, in kleine Röschen zerteilen und trocken-tupfen, auf dem Backblech verteilen und mit dem Olivenöl beträu-feln.

3 Sesam, Salz und getrockneten Thymian im Mörser zerstoßen und die Mischung über den Blumenkohl streuen. Für 20-30 Min. im Backofen backen, dabei ab und zu die Backofentür öffnen, um Dampf entweichen zu lassen. Ist der Blumenkohl nach Ihrem Geschmack gebräunt, nehmen Sie das Blech heraus.

4 In der Zwischenzeit den weißen und grünen Blumenkohl für das Hummus in Stücke schneiden, in kochendem Wasser 10 Min. garen und abtropfen lassen. Die Stücke in den Mixer geben. Babyspinat waschen, kurz abtropfen lassen und ebenfalls in den Mixer füllen. Tahini, Zitronensaft, Olivenöl und Gewürze dazugeben und alles ca. 1-2 Min. mixen, bis sich die Zutaten zu einer feinen Creme ver-mischt haben. Mit Salz und Zitronensaft abschmecken.

5 Den Hummus auf 4 Tellern verteilen, mit dem gerösteten Blumen-kohl belegen und alles mit Olivenöl beträufeln. Mit Granatapfelker-nen und Petersilie bestreut servieren.

SCHNELLES PFANNENGEMÜSE

4 Port.

35 Min.

Leicht

Zutaten

400 g grüne Bohnen
600 g Möhren
200 g Porree (Lauch)
600 g Brokkoli
2 mittelgroße Zwiebeln
1 fingerlanges Stück Ingwer (ca. 20 g)
4 EL Erdnussöl (alternativ Sesam- oder Kokosöl)
Je 2 TL Kurkumapulver und Curry
Salz, Pfeffer n. B.
300 ml Wasser
2 EL weißes Mandelmus (alternativ Sesammus, Cashewmus)
50 g geschälte Mandeln
1 Bund Schnittlauch

Nährwerte p. P.

387 kcal
22 g Kohlenhydrate
24 g Fett
14 g Eiweiß

1 Bereiten Sie zunächst das Gemüse vor: Die Möhren schälen, der Länge nach halbieren und in Scheiben schneiden. Von den Bohnen die Enden abschneiden und eventuell halbieren. Porree in Ringe schneiden, Brokkoli in gleichmäßige Röschen teilen. Ingwer schälen und mit der Reibe fein reiben oder hacken. Die Zwiebeln schälen, halbieren und in Streifen schneiden.

2 In einer weiten Pfanne das Öl erhitzen und darin die Möhren, die Zwiebeln und die Bohnen für 3 Min. braten. Den geriebenen Ingwer zufügen und 1 Min. weiter braten. Alles mit Curry und Kurkuma bestreuen, Salz und Pfeffer dazugeben und alles mit 200 ml Wasser aufgießen. Die Lauchringe mit in die Pfanne geben, umrühren und alles abgedeckt bei niedriger Hitze 10 Min. köcheln lassen.

3 Zuletzt die Brokkoliröschen zum Gemüse geben, das restliche Wasser angießen und das Mandelmus einrühren. Nach weiteren 5 Min. das Gericht mit Salz und Pfeffer abschmecken.

4 Die Mandeln grob hacken, Schnittlauch in feine Röllchen schneiden und die Gemüsepfanne auf Portionstellern anrichten. Mit Mandeln und Schnittlauch bestreuen.

SÜSSKARTOFFELN MIT FÜLLUNG

4 Port.

50 Min.

Leicht

Zutaten

4 mittelgroße Süßkartoffeln (ca. 600 g)
1-2 EL Olivenöl
1 TL Salz
½ TL Chilipulver
250 g Wildreis (alternativ Hirse oder Quinoa)
1 Stange Porree (Lauch)
1 mittelgroße Möhre
1 Bio-Zitrone
1 Knoblauchzehe
125 g Datteln ohne Kerne
Salz, Pfeffer n. B.
1 EL Kürbiskerne
2 EL Kürbiskernöl

Nährwerte p. P.

620 kcal
107 g Kohlenhydrate
12 g Fett
15 g Eiweiß

1 Den Backofen auf 180 °C (Umluft) vorheizen.

2 Waschen Sie die Süßkartoffeln gründlich. Anschließend halbieren und die Schnittflächen dünn mit Olivenöl bepinseln. Mischen Sie Salz und Chilipulver und bestreuen Sie damit die Kartoffeln. Mit den Schnittflächen nach unten in eine Auflaufform oder auf ein Backblech legen und ca. 35-40 Min. im Backofen backen, bis die Kartoffeln beim Hineinstechen weich sind.

3 In der Zwischenzeit den Reis (oder Quinoa, Hirse) in der doppelten Menge leicht gesalzenem Wasser aufkochen, die Temperatur reduzieren und ca. 20-30 Min. garen.

4 Porree in dünne Streifchen schneiden und gründlich waschen. Möhre schälen und in feine Würfelchen schneiden. Den Knoblauch abziehen und durch die Presse drücken oder sehr fein hacken. Die Datteln in schmale Streifchen oder Würfelchen schneiden. Die Zitrone heiß abwaschen, abtrocknen und die Schale fein abreiben.

5 In einer Pfanne das restliche Olivenöl erhitzen, das Gemüse dazugeben und 3 Min. kräftig anbraten. Den Knoblauch 1 Min. mitschmoren, dann die Datteln und die Zitronenschale zufügen. Den fertigen Reis (Quinoa, Hirse) untermischen, die Zitronenschale dazugeben und alles mit Salz und Pfeffer nach Geschmack würzen.

6 Nach der Backzeit die Süßkartoffeln aus dem Backofen nehmen. Mit einem Löffel höhlen Sie das Innere etwas aus und füllen es mit der Reis-Gemüse-Mischung.

7 Beträufeln Sie jede Portion mit 1 TL Kürbiskernöl und bestreuen Sie sie mit gehackten Kürbiskernen.

Desserts und Kuchen

Süßes als Abschluss einer Mahlzeit gehört für viele Menschen einfach zu einem genüsslichen Essen dazu. Sie müssen auch bei Reflux nicht darauf verzichten, wenn Sie einige Tipps beachten.

- Essen Sie frisches Obst nicht als Dessert, sondern lieber als eigenständige Zwischenmahlzeit, idealerweise am Vormittag oder Nachmittag. So verdauen Sie das Obst schneller und leichter.
- Kombinieren Sie Obst möglichst nicht mit Milchprodukten. In dieser Kombination werden beide Komponenten schlecht verdaut; weichen Sie daher aus auf pflanzliche Produkte (Joghurt, Sahne). Auch wenn Sie Kaffee und Kuchen genießen: Verzichten Sie auf Schlagsahne und Milch im Kaffee, wählen Sie stattdessen eine pflanzliche Alternative.
- Essen Sie frisches Obst lieber einzeln statt gemischt, wie z. B. in einem Obstsalat. Sie selbst wissen am besten, welches Obst Sie vertragen.

Versuchen Sie, in Süßspeisen so wenig Zucker wie möglich zuzusetzen. Auch Fruchtzucker, Honig und Dicksäfte wie Agavendicksaft oder Ahornsirup gelten als Zucker. Weniger ist hier mehr.

NO-BAKE-BEERENTARTE

10 Port. | 4 Std. 45 Min. | Mittel

Zutaten

10 Medjool-Datteln (siehe Tipp)
175 g Mandeln
50 g Haselnüsse
50 g Sonnenblumenkerne
3 EL Kokosöl
1 Prise Salz

300 g Brombeeren (frisch oder TK)
300 g Blaubeeren (frisch oder TK)
4 Stängel Basilikum
2 EL Ahornsirup
1 TL Limettensaft (ersatzweise Zitronensaft)
150 ml Kokosmilch
1 EL Kartoffelmehl (oder Speisestärke)
1 TL Agar-Agar (pflanzliches Geliermittel)
175 g gemischte Beeren für die Garnitur

Sie benötigen:
Mixer, Springform mit 26 cm Durchmesser

Nährwerte p. P.

391 kcal
29 g Kohlenhydrate
23 g Fett
11 g Eiweiß

1 Datteln ggf. entsteinen, in Stücke schneiden und mit Wasser bedeckt ca. 30 Min. einweichen. Die Springform mit etwas Kokosöl ausfetten.

2 Mandeln, Nüsse und Sonnenblumenkerne in einer Pfanne trocken bei mittlerer Hitze anrösten, bis sie zu duften beginnen, dann auf einem Teller abkühlen lassen. Die abgekühlte Nussmischung im Mixer fein mahlen.

3 Dattelstücke in einem Sieb abgießen und dabei das Einweichwasser auffangen. Die Datteln portionsweise mit Kokosöl und Salz zu den gemahlenen Nüssen geben und untermixen, bei Bedarf etwas Einweichwasser dazugeben. Die Konsistenz sollte wie ein klebriger Knetteig sein. Ist das Unterarbeiten der Datteln im Mixer nicht vollständig möglich, schneiden Sie die Datteln sehr klein, entnehmen die Zutaten aus dem Mixer und arbeiten in einer Schüssel alles gründlich mit den Händen durch. Füllen Sie den Teig in die Springform und drücken Sie ihn mit angefeuchteten Händen zu einem glatten Boden. Ziehen Sie außen rundum einen ca. 2 cm hohen Rand hoch. Danach im Kühlschrank ruhen lassen.

4 Für die Füllung die Beeren abbrausen und abtupfen, Basilikum von den Stängeln zupfen. Einige Blättchen zur Seite legen, den Rest mit den Beeren fein pürieren. Das Püree durch ein feines Sieb in einen Topf passieren.

5 Ahornsirup, Limettensaft und Kokosmilch zum Beerenpüree geben und alles gut durchrühren. Kartoffelmehl und Agar-Agar mit dem Schneebesen einrühren und die Mischung unter stetigem Rühren kurz aufkochen. In eine Schüssel füllen und lauwarm abkühlen lassen. Rühren Sie dabei ab und zu die Mischung durch, damit sich keine Haut bildet.

6 Das lauwarme Beerengelee auf dem kalten Kuchenboden verteilen und mindestens 4 Std. kalt stellen. Mit den übrigen Beeren und Basilikumblättchen garnieren.

Tipp: Medjool-Datteln sind große, weiche und sehr aromatische Datteln. Sie erhalten sie in den meisten Orientmärkten und auch in gut sortierten Obstabteilungen.

KAROTTENKUCHEN

10 Port.

30 Min.

Leicht

Zutaten

15 weiche Datteln (ca. 150 g)
300 g Möhren
300 g feine Haferflocken
50 g Mandeln
2 TL Zimt
1 TL Ingwerpulver
1 Prise Muskatnuss

Zutaten Frosting:
200 g Cashewnüsse
150 ml Pflanzenmilch, ungesüßt (Mandel, Hafer)
4 weiche Datteln (ca. 40 g)
1 Vanilleschote (ausgekratztes Mark davon)
1 Bio-Orange
30 g Walnüsse

Sie benötigen:
Blitzhacker oder Standmixer, rechteckige Kuchenform mit Backpapier (ca. 30 x 30 cm)

1 Für den Teig die Mandeln und Haferflocken im Mixer oder Blitzhacker zu feinem Mehl mahlen, in eine Schüssel geben. Die Datteln ebenfalls im Blitzhacker oder mit einem Messer fein hacken, Möhren schälen und fein reiben. Mit den Gewürzen zum Mehl geben und alles mit den Händen zu einem festen Teig verkneten. Den Teig in die Form geben und mit den Händen glatt andrücken.

2 Die Orange heiß waschen, abtrocknen und die Schale mit einem Sparschäler fein abschneiden. Die Frucht auspressen.

3 Cashewnüsse, Pflanzenmilch, 4 Datteln, Vanillemark und 2 EL Orangensaft im Mixer zu einer cremigen glatten Masse mixen und auf den Teigboden geben, glattstreichen.

4 Die Orangenschale in feine Streifchen schneiden und mit gehackten Walnüssen auf dem Kuchen verteilen. 1 Std. im Tiefkühlfach durchkühlen.

Nährwerte p. P.

361 kcal
40 g Kohlenhydrate
17 g Fett
9 g Eiweiß

Tipp: Vegan und ohne Backen – und trotzdem voller Geschmack! Der Boden ist saftig und süß und mit dem veganen „Frischkäse"-Topping braucht es keine tierischen Produkte. Unbedingt probieren!

OHNE-REUE-KUCHEN

8 Port.

30 Min.

Leicht

Zutaten

150 g Zucchini
280 g Dinkelmehl Type 1050 (alternativ glutenfreies Mehl)
1 Pck Weinsteinbackpulver
100 g Mandeln, gehackt
1 Prise Salz
100 g Dattelsirup (alternativ Agavensirup)
100 g ungezuckertes Apfelmus
1 EL Apfelessig
60 ml Mineralwasser mit Kohlensäure
60 ml pflanzliche Milch, ungesüßt (Mandel, Hafer, Soja)

Sie benötigen:
Kastenform mit Backpapier ausgelegt

Nährwerte p. P.

252 kcal
34 g Kohlenhydrate
8 g Fett
8 g Eiweiß

1 Die Zucchini waschen und mit der Reibe fein raspeln. In ein Sieb geben und mit der Hand etwas ausdrücken.

2 In einer Rührschüssel das Mehl, das Backpulver, das Salz, die gehackten Mandeln und den Sirup mischen, die abgetropften Zucchiniraspel, das Apfelmus, den Essig, das Wasser und die Pflanzenmilch dazugeben und alles mit dem Handrührgerät gut vermengen.

3 Backofen auf 180 °C (Ober-/Unterhitze) vorheizen.

4 Füllen Sie den Teig nun in die Form und backen Sie den Kuchen auf der mittleren Einschubleiste ca. 45 Min. Testen Sie mit einem Holzstäbchen, ob der Kuchen durchgebacken ist: Haftet kein Teig mehr am Stäbchen, können Sie ihn herausnehmen und in der Form etwas abkühlen lassen. Auf einem Kuchengitter vollständig auskühlen lassen und genießen.

Tipp: Der Teig kommt ohne Ei aus, da Apfelmus sehr gut bindet. Saftig wird der Kuchen durch Zucchiniraspel, die Sie garantiert nicht herausschmecken! Benutzen Sie für basenbildende Rezepte wie dieses immer Weinsteinbackpulver, da darin keine säurebildenden Phosphate wie bei normalem Backpulver enthalten sind.

BRATÄPFEL

4 Port.

35 Min.

Leicht

Zutaten

4 milde Äpfel (Jonagold, Elstar)
100 g gemahlene Mandeln
4 weiche Datteln
2 EL Hanfsamen
1 TL Zimt
2 EL Birnendicksaft (alternativ Agavendicksaft)
500 g Pflanzenjoghurt, Natur
1 Vanilleschote (Mark) oder 1 TL Vanilleessenz

Sie benötigen:
Apfelausstecher, Auflaufform

Nährwerte p. P.

348 kcal
28 g Kohlenhydrate
19 g Fett
12 g Eiweiß

1 Die Äpfel waschen, abtrocknen und das Kerngehäuse mit einem Apfelausstecher entfernen.

2 Die Datteln hacken und mit den Mandeln, Hanfsamen und dem Zimt mischen. Die Füllung in die Äpfel drücken.

3 Die Äpfel in die Auflaufform setzen, je 1 TL Dicksaft über die Füllung träufeln und bei 175 °C (Umluft) 25 Min. backen.

4 Joghurt mit dem ausgekratzten Vanillemark glattrühren und zusammen mit den Äpfeln servieren.

APRIKOSEN-ERDBEER-SPIESSE

4 Port.

35 Min.

Leicht

Zutaten

400 g Erdbeeren
10 frische Aprikosen
2 Bio-Zitronen
100 ml Aprikosensaft
1 EL Puderzucker n. B.

Sie benötigen:
8 Schaschlikspieße aus Holz

Nährwerte p. P.

108 kcal
22 g Kohlenhydrate
0 g Fett
2 g Eiweiß

1 Aprikosensaft in einem kleinen Topf bei großer Hitze aufkochen, bei mittlerer Hitze weiter köcheln lassen, bis die Flüssigkeit um die Hälfte reduziert ist. Etwas abkühlen lassen.

2 Die Zitronen heiß abwaschen, abtrocknen und ca. 1 TL Schale fein abreiben. Die Früchte auspressen. Schale und Saft zu dem Aprikosensaft rühren. Schaschlikspieße in kaltes Wasser legen.

3 Die Erdbeeren waschen und putzen, Aprikosen waschen, halbieren und entsteinen. Das Obst abwechselnd auf die Schaschlikspieße stecken und auf einer Platte rundum mit der Aprikosenmarinade einpinseln. 20 Min. ziehen lassen.

4 Den Backofen auf 240 °C (Grillfunktion) vorheizen. Die Spieße auf ein Backblech legen, nach Belieben mit etwas Puderzucker bestäuben und das Blech ins obere Ofendrittel schieben. Ca. 2-3 Min. grillen, bis die Früchte leicht anfangen, zu bräunen. Alternativ können Sie die Spieße natürlich auch auf dem Gas-, Elektro- oder Holzkohlegrill zubereiten.

Tipp: Servieren Sie die Spieße pur oder mit einem pflanzlichen Vanille- oder Zitronenjoghurt. Dazu einfach etwas Zitronensaft und abgeriebene Zitronenschale oder Vanillemark bzw. Vanilleessenz mit dem Joghurt glattrühren.

ANANAS-EIS

4 Port.

8 Std. 10 Min.

Leicht

Zutaten

400 g Ananas, frisch
200 ml Orangensaft (oder Mandelmilch)
8 weiche Datteln
2 EL Mandelmus, weiß
1 Vanilleschote (Mark)

Sie benötigen:
Standmixer

Nährwerte p. P.

105 kcal
22 g Kohlenhydrate
1 g Fett
1 g Eiweiß

1 Schälen und putzen Sie die Ananas, entfernen Sie den Strunk und schneiden Sie das Fruchtfleisch in kleine Stückchen. Diese über Nacht einfrieren.

2 Orangensaft oder Mandelmilch mit Datteln, Mandelmus und Vanillemark im Standmixer einige Minuten zu einer feinen Creme mixen.

3 Die gefrorenen Ananasstücke dazugeben und kräftig durchmixen. Dabei entsteht ein cremiges Eis. Arbeiten Sie bei Bedarf mit dem Stopfer des Mixers alle Ananasstücke gut ein.

4 Die Eiscreme sofort servieren oder in einem Behälter bis zum Verbrauch einfrieren.

Tipp: Auch mit Bananen, Aprikosen, Beeren, Melonen und Pflaumen stellen Sie so ein leckeres erfrischendes Eis her. Probieren Sie auch Kokosflocken oder Kokosmilch, etwas Basilikum, Zitronensaft und Zimt als Zutaten!

MANDELHÖRNCHEN

6 Port.

20,5 Std.

Mittel

Zutaten

5 weiche Datteln, entsteint
80 ml Wasser
160 g Mandeln
160 g Cashewkerne
1 TL Kakaopulver
1 Vanilleschote (ausgekratztes Mark)
1 Prise Salz

Sie benötigen:
Blitzhacker, Backpapier, Dörrgerät oder Backofen

Nährwerte p. P.

350 kcal
13 g Kohlenhydrate
28 g Fett
10 g Eiweiß

1 Die Cashewkerne mit Wasser bedeckt über Nacht einweichen, am nächsten Tag das Wasser abgießen.

2 Datteln mit Wasser in den Blitzhacker geben und zu einem feinen Sirup mixen. Bei Bedarf noch etwas Wasser zugeben. 70 ml vom Sirup abmessen.

3 Die Cashewkerne und Mandeln portionsweise im Blitzhacker fein mahlen, mit dem Dattelsirup, dem Kakao, dem Salz und dem Vanillemark zu einem gut formbaren Teig mischen.

4 Formen Sie aus dem Teig eine fingerdicke Rolle und schneiden Sie davon ca. 5 cm lange Stücke ab. Diese zu Hörnchen formen und auf ein mit Backpapier belegtes Blech oder Dörrgitter legen.

5 Bei 45 °C im Dörrgerät oder der niedrigsten Heizstufe im Backofen ca. 12 Std. trocknen. Die Hörnchen dürfen noch weich im Inneren sein. Kühl aufbewahren.

Tipp: Dattelsirup als alternatives Süßungsmittel können Sie auf Vorrat zubereiten: Einfach die gewünschte Menge Datteln mit Wasser zu Sirup mixen, wie oben beschrieben. In einem Schraubglas kühl aufbewahren.

CHIA-PUDDING MIT BEEREN

4 Port.

1 Std.
10 Min.

Leicht

Zutaten

8 EL Chiasamen
600 ml Wasser
100 ml Kokosmilch
400 g Joghurt, fettarm (alternativ pflanzlicher Joghurt)
2 EL Dattelsirup (alternativ Ahornsirup)
1 TL Zimt (alternativ Mark einer Vanilleschote)
300 g frische Beeren (Himbeeren, Blaubeeren, Johannisbeeren)

Nährwerte p. P.

280 kcal
22 g Kohlenhydrate
14 g Fett
10 g Eiweiß

1 Die Chiasamen mit Wasser und Kokosmilch verrühren und mindestens 1 Std. quellen lassen.

2 Die Chiamasse mit der Hälfte des Joghurts, dem Sirup und dem Zimt oder Vanillemark durchrühren, in Portionsschalen verteilen.

3 Mit den gewaschenen und abgetupften Beeren und dem restlichen Joghurt toppen und kühl genießen.

Tipp: Chiasamen liefern hochwertige Omega-3-Fettsäuren. Sie quellen zu einer ge-leeartigen Masse auf und eignen sich daher gut für Rohkost-Puddings. Variieren Sie dieses Rezept auch mit 1 EL Kakaopulver, Banane und Mandeljoghurt oder weichen Sie die Samen in frisch gepresstem Orangensaft ein und toppen Sie den Pudding mit Mangostückchen und etwas feingeschnittenem Basilikum!

SCHOKOPRALINEN

24 Port.

45 Min.

Leicht

Zutaten

300 g feine Haferflocken
60 g Mandeln
2 mittelgroße Möhren
160 g weiche Datteln
2 TL Zimt
2 Tafeln Dattel-Schokolade (siehe Tipp)

Blitzhacker oder Standmixer, luftdicht schließende Dose oder Schraubglas

Nährwerte p. P.

133 kcal
14 g Kohlenhydrate
7 g Fett
3 g Eiweiß

1 Die Haferflocken und die Mandeln im Standmixer oder Blitzhacker zu grobem Mehl mahlen. Datteln bei Bedarf in warmem Wasser einweichen, mit einem Messer grob hacken.

2 Möhren schälen und fein raspeln, mit dem Mehl in eine Schüssel geben. Datteln und Zimt dazugeben und alles zu einem relativ festen Teig verkneten.

3 Esslöffelgroße Mengen von dem Teig abnehmen und zu Kugeln rollen, auf ein Backpapier setzen.

4 Die Schokolade über einem Wasserbad schmelzen (Vorsicht! Nicht zu heiß werden lassen, immer wieder umrühren). Die Kugeln mit Hilfe eines Löffels oder Pinsels mit der Schokolade überziehen, dann für 15 Min. kalt stellen. Die restliche Schokolade mit einem Löffel auf die abgekühlte Glasur sprenkeln.

Tipp: Dattelschokolade verzichtet auf zugesetzten Zucker, besteht nur aus Kakaobutter, Kakao und Dattelsüße. Sie erhalten diese Schokolade im Onlinehandel und in Bioläden. Auch Rezepte zum Selbstmachen finden Sie im Internet. Die Nährwerte sind ähnlich wie bei Edelbitterschokolade; falls Sie also kein Problem mit Schokolade haben, können Sie natürlich die Dattelschokolade auch ersetzen.
Diese Pralinen mit ihrem Inneren aus an Karottenkuchen erinnernder Masse lassen sich auch prima zu Ostern in Form von Schokoeiern herstellen!

Zwischenmahlzeiten und Fingerfood

SCHOKO-POWER

2 Port. 5 Min. Leicht

Zutaten

2 mittelgroße Bananen
30 getrocknete Datteln, entsteint
250 ml Mandelmilch, ungesüßt
2 EL Erdmandelflocken (alternativ feine Haferflocken)
1 EL Mandelmus
1 EL Leinöl
1–2 TL Rohkost-Kakaopulver
1 Vanilleschote (Mark)
1 Prise Salz

Sie benötigen:
Mixer oder Pürierstab

Nährwerte p. P.

409 kcal
72 g Kohlenhydrate
9 g Fett
4 g Eiweiß

1 Die Bananen schälen, das Fruchtfleisch grob würfeln und mit den Datteln im Mixer pürieren. Nacheinander die Mandelmilch, das Leinöl, das Mandelmus und die Flocken dazugeben und die Gewürze zum Schluss einrühren. Bei Bedarf noch etwas Wasser zugeben.

2 In 2 hohe Gläser abfüllen und mit etwas Kakaopulver bestäubt servieren.

AVOCADO-BANANEN-SHAKE

 2 Port.

 5 Min.

 Leicht

Zutaten

1 reife Avocado
1 kleine Banane
450 ml Kokoswasser (alternativ: Kokosmilch), siehe Tipp
½ TL Zimt
einige Blättchen Zitronenmelisse

Sie benötigen:
Mixer oder Pürierstab

Nährwerte p. P.

299 kcal
13 g Kohlenhydrate
24 g Fett
3 g Eiweiß

1 Die Avocado und die Banane schälen, das Fruchtfleisch grob würfeln und mit dem Kokoswasser und etwas Zimt in den Mixer geben.

2 Das Ganze 1-2 Min. fein pürieren, bis keine Stückchen mehr sichtbar sind, in ein Glas gießen, mit etwas Zimt bestreuen und mit Melisseblättchen garnieren.

Tipp: Kokoswasser, also der flüssige Bestandteil von frischen Kokosnüssen, bietet eine hohe Mineralstoffdichte: Kalium, Magnesium und Calcium stärken unsere Muskeln und Knochen. Gleichzeitig löscht Kokoswasser den Durst und hat deutlich weniger Fettgehalt als zum Beispiel Kokosmilch, die mit einem Teil fein vermahlenem Kokosnussfruchtfleisch hergestellt wird. Als sogenannter isotonischer Drink füllt der exotische Durstlöscher auch nach Sport und Anstrengung unsere Mineralstoffspeicher wieder auf.

BANANA-SMOOTHIE

4 Port.

5 Min.

Leicht

Zutaten

2 große reife Bananen
300 ml Mandeldrink, ungesüßt
3 EL zarte Haferflocken
300 g Pflanzenjoghurt (Soja, Mandel, Hafer)
½ TL Zimt

Sie benötigen:
Mixer oder Pürierstab

Nährwerte p. P.

133 kcal
20 g Kohlenhydrate
3 g Fett,
5 g Eiweiß

1 Die geschälten Bananen mit den restlichen Zutaten in einen Mixer oder ein geeignetes Gefäß geben und so lange mixen, bis die Flüssigkeit sämig und glatt ist.

2 Bei Bedarf noch ein wenig Pflanzenmilch zugeben.

SMOOTHIE IN GRÜN

4 Port. 5 Min. Leicht

Zutaten

2 mittelgroße reife Bananen, gefroren (siehe Tipp)
500 ml Mandeldrink, ungesüßt
1 reife Mango, in Stücken, gefroren
100 g Babyspinat, frisch
2 EL Kürbiskerne
4 EL Hanfsamen

Sie benötigen:
Mixer oder Pürierstab

Nährwerte p. P.

135 kcal
16 g Kohlenhydrate
6 g Fett
3 g Eiweiß

1 Geben Sie alle Zutaten in einen Mixer oder ein geeignetes Gefäß.

2 Gießen Sie die Mandelmilch zuletzt dazu und mixen Sie alles so lange durch, bis die Masse glatt und cremig ist.

Tipp: Obst, das Sie für einen Smoothie nutzen möchten, lässt sich sehr gut vorportioniert in Stücken einfrieren. Sie entnehmen dann nur noch die gewünschte Menge und haben nach dem Mixen gleich ein wunderbar kühlendes und erfrischendes Getränk.

BEERENSCHALE MIT CASHEWS

4 Port.

10 Min.

Leicht

Zutaten

50 g Cashewnüsse, ungesalzen
400 g gemischte Beeren, frisch (ersatzweise TK), z. B. Johannisbeeren, Him-beeren, Blaubeeren
1–2 EL Ahornsirup
250 g Hüttenkäse
200 g Magerquark

Nährwerte p. P.

261 kcal
25 g Kohlenhydrate
9 g Fett
16 g Eiweiß

1 Die Cashewnüsse bis zur gewünschten Größe hacken. In einer kleinen Pfanne trocken (ohne Fett) einige Minuten anrösten, bis sie zu duften beginnen, dann auf einem Teller auskühlen lassen.

2 Die Beeren abbrausen und mit Küchenpapier trockentupfen, Johannisbeeren von den Rispen zupfen. TK-Beeren auftauen lassen. Einige schöne Beeren für die Garnitur beiseitestellen, die restlichen mit dem Ahornsirup in einer Schüssel fein zerdrücken.

3 Quark und Hüttenkäse verrühren, ⅔ der Cashewkerne und das Beerenpüree locker untermischen.

4 In Schalen anrichten, mit den zurückgelassenen Beeren und Cashewkernen bestreuen.

Tipp: Zum Mitnehmen oder für den nächsten Tag füllen Sie den Frischkäse-Mix in ein Schraubglas, geben die restlichen Beeren obenauf und bewahren Sie die Beerenschale im Kühlschrank auf.

WACHSWEICHES EI MIT PETERSILIENCREME

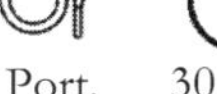

2 Port. 30 Min. Leicht

Zutaten

80 g Petersilienwurzel (2 kleine oder 1 große)
100 ml Gemüsebrühe
1 Bund glatte Petersilie
Salz, schwarzer Pfeffer n. B.
2 Eier, Gr. M

Nährwerte p. P.

261 kcal
25 g Kohlenhydrate
9 g Fett
16 g Eiweiß

1 Die Petersilienwurzeln unter Wasser gut abbürsten, schälen und in dünne Scheiben schneiden.

2 In einem kleinen Topf die Gemüsebrühe aufkochen, die Petersilienwurzeln hineingeben und bei niedriger Hitze zugedeckt in ca. 10 Min. weich garen.

3 Petersilie waschen und trockentupfen, die Blätter von den Stängeln zupfen und einige Blätter zum Garnieren beiseitelegen. Den Rest fein hacken.

4 Die gegarten Petersilienwurzeln aus der Brühe nehmen (Brühe nicht wegschütten, eignet sich gut zum Würzen von Suppen und Soßen). Auf einem Teller mit einer Gabel ganz fein zerdrücken, die gehackte Petersilie untermischen und mit Salz und Pfeffer würzig abschmecken.

5 Die Eier wachsweich kochen (5-6 Min.), kalt abschrecken und abkühlen lassen. Pellen und halbiert mit der Petersiliencreme anrichten, mit Petersilienblättchen garnieren.

Tipp: Sollten Sie keine Petersilienwurzel bekommen, schmeckt das Rezept auch sehr lecker mit Pastinaken, Topinambur oder Sellerie.

SANDWICH MIT PUTE UND AVOCADO

1 Port. 10 Min. Leicht

Zutaten

1 Vollkorn-Brötchen (z. B. Baguette)
1 mittelgroße Tomate
½ Avocado
40 g Rucola
1 EL Zitronensaft
2 EL Frischkäse, 13 % Fett
1 EL körniger Senf
1 Prise Zucker n. B.
60 g Putenbrust, gegart, in Scheiben

Nährwerte p. P.

549 kcal
40 g Kohlenhydrate
28 g Fett
26 g Eiweiß

1 Das Brötchen halbieren und die Hälften knusprig toasten.

2 Rucola waschen und auf Küchenpapier abtrocknen. Die Tomate waschen und in Scheiben schneiden. Avocado halbieren, den Stein entfernen, das Fruchtfleisch in Scheiben schneiden und mit dem Zitronensaft beträufeln.

3 Frischkäse mit Senf und evtl. etwas Zucker verrühren.

4 Die untere Brötchenhälfte mit ⅓ der Frischkäsecreme bestreichen, mit Rucola, Tomate, Putenbrust und Avocado belegen. Die obere Brötchenhälfte mit dem Rest der Frischkäsecreme bestreichen und auf den Belag klappen. Halbieren und frisch servieren oder in Butterbrotpapier verpackt mitnehmen.

Tipp: Beim Mitnehmen sollten Sie das Sandwich in das altbewährte Butterbrotpapier verpacken; darin weicht es nicht wie in Frischhaltedosen auf und Sie genießen ein nach wie vor knuspriges Brötchen in Ihrer Pause.

KARTOFFELSCHIFFCHEN MIT AVOCADOCREME

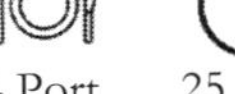

4 Port. 25 Min. Leicht

Zutaten

6 mittelgroße frische Kartoffeln, festkochend
2 große Avocados
1 Bio-Zitrone
Pfeffer n. B.
½ TL Kräutersalz
½ TL Chiliflocken
3 Stängel glatte Petersilie

Nährwerte p. P.

205 kcal
21 g Kohlenhydrate
11 g Fett
3 g Eiweiß

1 Die Kartoffeln vorsichtig unter Wasser abbürsten, mit Schale in Salzwasser ca. 20 Min. gar kochen und auf einem Tuch abdampfen lassen.

2 Die Avocados halbieren, den Stein entfernen und das Fruchtfleisch herausschaben. Auf einem Teller mit einer Gabel fein zermusen.

3 Die Zitrone heiß abwaschen, abtrocknen und die Schale fein abreiben. Die Frucht auspressen und den Saft mit Salz und Pfeffer unter das Avocadomus rühren.

4 Die Kartoffeln längs halbieren, mit einem Teelöffel eine kleine Mulde aus dem Fruchtfleisch aushöhlen und die ausgekratzte Kartoffelmasse fein zerdrückt unter die Avocadocreme rühren.

5 Die Kartoffeln mit der Creme füllen, etwas Chiliflocken und Zitronenschale darüberstreuen und mit Petersilienblättchen garnieren.

KLEINE PAUSENSNACK-PARADE

Hier eine kleine Auswahl für schnelle und unkomplizierte, basisch wirkende Pausensnacks. Sie finden hier nur eine Ideenliste für hochwertige kleine Mahlzeiten, die Ihren Energievorrat den Tag über auffüllen, ohne zu sehr zu belasten. Auch wenn die Mengen klein sind – so hat Ihr Magen etwas zu tun und hält Ihren Stoffwechsel am Laufen. Die Nährwerte unterscheiden sich, deshalb bei jedem Posten die einzelne Auflistung. Gerechnet ist jeweils 1 Portion.

1. 50 g gemischte Nüsse (Macadamia, Mandel, Haselnuss, Cashew)

Nährwerte p. P.: 398 kcal, 7 g Kohlenhydrate, 38 g Fett, 4 g Eiweiß

2. 50 g ungeschwefeltes Trockenobst (Aprikosen, Birnen, Pflaumen, Äpfel, Cranberrys)

Nährwerte p. P.: 300 kcal, 83 g Kohlenhydrate, 2 g Fett, 1 g Eiweiß

3. 100 g Oliven, grün

Nährwerte p. P.: 146 kcal, 2 g Kohlenhydrate, 14 g Fett, 1 g Eiweiß

4. 100 g Oliven, schwarz

Nährwerte p. P.: 360 kcal, 5 g Kohlenhydrate, 36 g Fett, 2 g Eiweiß

5. 10 Dattelmandeln

In jede entsteinte Dattel eine Mandel füllen

Nährwerte p. P.: 275 kcal, 34 g Kohlenhydrate, 12 g Fett, 5 g Eiweiß

6. 200 g Rohkoststicks mit 3 EL Hummus

Nährwerte p. P.: 275 kcal, 34 g Kohlenhydrate, 12 g Fett, 5 g Eiweiß

MANDEL-SESAM-KUGELN

20 Port.

45 Min.

Leicht

Zutaten

150 g gemahlene Mandeln
45 g Kokosflocken
2 EL Lupinenprotein (siehe Tipp)
20 g feingehackte Rosinen
60 ml Dattelsirup
1 Prise Salz
2 EL Sesam
20 Pistazien

Nährwerte p. P.

92 kcal
4 g Kohlenhydrate
7 g Fett
3 g Eiweiß

1 Alle Zutaten, außer Sesam und Pistazien, zu einem formbaren Teig verkneten und 20 Kugeln daraus formen.

2 In Sesamsamen wälzen und je 1 Pistazie oben aufdrücken. In Papierförmchen setzen und kühl servieren.

Tipp: Lupinenprotein bekommen Sie als Pulver aus der Süßlupine im Onlinehandel oder Gesundheitsfachhandel. Es ist ein hochwertiges, basisch wirkendes, pflanzliches Eiweiß, kann als Ei-Ersatz verwendet werden, senkt den Cholesterinspiegel und ersetzt in vielen Gerichten kohlenhydratreiches Getreide

ENERGY-BALLS MIT LIMETTE

12 Port.

15 Min.

Leicht

Zutaten

200 g Cashewnüsse, ungesalzen
50 g Mandeln
50 g weiche Datteln
30 g Kokosraspel
1 Bio-Limette (alternativ Zitrone)
1 Vanilleschote

Blitzhacker, luftdicht schließende Dose oder Schraubglas

Nährwerte p. P.

160 kcal
9 g Kohlenhydrate
12 g Fett
4 g Eiweiß

1 Reiben Sie von der heiß abgewaschenen und abgetrockneten Limette die Hälfte der Schale fein ab und pressen Sie die Frucht aus. Halbieren Sie die Vanilleschote und kratzen Sie das Mark heraus.

2 Geben Sie die Nüsse, die Datteln und die Mandeln portionsweise mit dem Limettensaft und dem Schalenabrieb in den Blitzhacker und zerkleinern Sie alles möglichst fein (alternativ können Sie die Zutaten auch mit einem Messer sehr fein hacken).

3 In einer Schüssel die Masse mit der Hälfte der Kokosraspel und dem Vanillemark gut durchkneten. Mit angefeuchteten Händen ca. 2-3 cm große Kugeln formen und zum Teil in den zurückbehaltenen Kokosraspeln wälzen.

4 In einem luftdicht schließenden Glas oder Behälter im Kühlschrank aufbewahren und innerhalb von 2 Wochen verzehren.

Tipp: Diese proteinreichen, zuckerfreien und absolut leckeren Bällchen sind ein prima Snack für zwischendurch und gut zum Mitnehmen in die Pause, wenn es für eine echte Mahlzeit gerade nicht reicht.

FRÜCHTECOOKIES

6 Port.

1,5 Std.

Leicht

Zutaten

100 g Erdmandelmehl, siehe Tipp (alternativ Mandelmehl)
40 g Chiasamen
320 ml Wasser
75 g gemahlene Mandeln
40 g gehackte Mandeln
4 TL Mandelöl (alternativ Kokosöl)
120 g getrocknete Aprikosen
40 g getrocknete Feigen
½ TL Zimt

Nährwerte p. P.

238 kcal
11 g Kohlenhydrate
15 g Fett
10 g Eiweiß

1 Das Erdmandelmehl und die Chiasamen mit dem Wasser verrühren und 1 Std. quellen lassen. Aprikosen und Feigen möglichst klein würfeln und mit dem Messer noch etwas durchhacken (oder im Blitzhacker hacken).

2 Alle Zutaten gut mischen. Ein Backblech mit Backpapier auslegen, den Backofen auf 160 °C (Umluft) vorheizen.

3 Mit Hilfe eines Ausstechförmchens (Ring) kleine Häufchen vom Teig auf das Backpapier setzen und glatt drücken. Die Cookies sollten nicht dicker als ca. 1 cm sein.

4 Auf der mittleren Einschubleiste ca. 20 Min. backen, auf dem Blech abkühlen lassen.

Tipp: Erdmandeln sind eine glutenfreie Alternative zu Getreide mit süßlich-nussigem Geschmack. Sie finden sie ganz, in Flockenform oder gemahlen im Onlinehandel oder Reformhaus.

SAATENCRACKER

8 Port.

1 Tag

Leicht

Zutaten

275 g Leinsamen, ganz
2 mittelgroße Tomaten
6 getrocknete Tomaten ohne Öl
1 rote Paprika
1 TL Kräutersalz
½ TL Chilipulver oder Pfeffer n. B.
1 TL getrocknetes Basilikum

Sie benötigen:
Dörrgerät oder Backofen, Backpapier, Standmixer

Nährwerte p. P.

185 kcal
6 g Kohlenhydrate
12 g Fett
7 g Eiweiß

1 Die Leinsamen mit Wasser gut bedeckt über Nacht einweichen. Am nächsten Tag übriges Wasser abgießen.

2 Die frischen Tomaten und Paprika waschen, putzen und in Stücke schneiden. Dabei möglichst viel von den Tomatenkernen entfernen.

3 Alle Zutaten außer Leinsamen im Mixer fein mixen. In einer Schüssel die Gemüsemasse mit Leinsamen gut verrühren und mit den Gewürzen abschmecken.

4 Die Masse ca. 3 mm dick auf Backpapier oder Dörrfolie streichen und 10-14 Std. im Dörrgerät bei 60 °C trocknen. Benutzen Sie den Backofen, streichen Sie den Teig ebenfalls dünn auf Backpapier und backen ihn bei maximal 70 °C, bis die Masse von der Konsistenz her so trocken ist, wie Sie es wünschen.

5 Ganz trocken oder halb feucht - das ist Geschmackssache. Nach dem Trocknen die Cracker in die gewünschte Größe brechen oder schneiden.

Tipp: Diese Cracker sind eine tolle Alternative zu Brot oder Knabbergebäck. Stellen Sie sich einen Vorrat davon her und genießen Sie die Cracker mit Aufstrichen, Dips oder einfach pur als Knabberei.
Auch mit verschiedenen Saatenmischungen (Sonnenblumenkernen, Hanfsamen, Leinsamen, Chia) und anderen Gemüsesorten und Gewürzen schaffen Sie Abwechslung.

Getränke

Für gereizte Mägen sind Getränke mit viel Kohlensäure und Zucker sowie Alkohol und Kaffee wahre Trigger – bei vielen Menschen lösen sie direkt Sodbrennen aus. Deshalb stellen wir Ihnen hier ein paar sanfte Alternativen vor, die zum Durstlöschen, aber auch zum Genießen echte Geheimtipps sind! Am allerbesten geeignet ist als Durstlöscher stilles Mineralwasser, möglichst mit hohem Hydrogenkarbonat-Gehalt. Nicht die Kohlensäure in Sprudelwasser wirkt auf den Magen übersäuernd – diese Kohlensäure wird über die Lunge abgeatmet. Allerdings verursacht Kohlensäure Druck im Magen und begünstigt das Zurückfließen von Mageninhalt. Zuckerhaltige Getränke mit Kohlensäure dagegen (Fruchtschorlen, Limonaden, Energydrinks) oder Mixgetränke mit Fruchtsäften und/oder Alkohol lassen allein durch den Zuckergehalt den Magen sauer werden. Verzichten Sie daher auf fertig gemischte Getränke, hinterfragen Sie lieber, wie viel Süße Sie tatsächlich in einem Getränk brauchen. Wein und Sekt bilden viel unangenehme Säure, dagegen hat ein ab und an genossenes Glas Bier, hell oder dunkel, für die meisten Refluxpatienten keine negativen Auswirkungen.

Die meisten Teemischungen eignen sich ebenfalls nicht als neutrale Getränke; vor allem Früchtetee, Pfefferminze, Schwarztee und die meisten Gewürzteemischungen sollten Sie eher meiden. Ausnahmen bilden die Kräuter Kamille, Fenchel und Süßholz. Auch Aufgüsse aus frischer Ingwerwurzel wirken beruhigend und sind nebenbei noch immunstärkend.Aromatisieren Sie Ihr Wasser doch einfach mit einer Scheibe Zitrone oder einigen milden Beeren. Und trauen Sie sich, mit frischen Kräutern zu experimentieren – Sie finden schon heraus, was Ihnen schmeckt und bekommt!

APRIKOSEN-ANANAS-COCKTAIL

4 Port. 35 Min. Leicht

Zutaten

400 g reife Aprikosen
2 Baby-Ananas, ca. 700 g
1 Stück Ingwer, fingerlang
10 g frische Kurkuma (siehe Tipp), alternativ 1 TL Kurkumapulver
1 Staude Chicorée, ca. 100 g
300 ml stilles Mineralwasser
30 g blanchierte Mandeln
50 g getrocknete Aprikosen n. B.

Sie benötigen:
Standmixer

1 Die Aprikosen waschen, abtrocknen, halbieren und entsteinen. Die Ananas schälen und mit dem Strunk in gröbere Stücke schneiden.

2 Ingwer und Kurkuma schälen und in feine Würfelchen schneiden.

3 Chicorée halbieren, den Strunk herausschneiden und die Staude in Streifen schneiden.

4 Alle Zutaten in den Mixer füllen und einige Minuten mixen, bis keine Stückchen mehr zu sehen sind. Direkt in Gläser füllen oder in einer Flasche zur späteren Verwendung kalt stellen.

Nährwerte p. P.

194 kcal
31 g Kohlenhydrate
5 g Fett
4 g Eiweiß

Tipp: Kurkuma und Ingwer sind wahre Schätze für den Magen. Frische Kurkuma bekommen Sie meist in Asialäden und zunehmend auch in gut sortierten Obstabteilungen im Supermarkt. Alternativ können Sie auch gemahlenes Kurkumapulver verwenden.

Ist Ihnen der Drink nicht süß genug, können Sie einige getrocknete Aprikosen untermixen.

Auch wenn die Ananas vermeintlich viel Säure besitzt – rohe Ananas kann Beschwerden von Speiseröhre und Magen sehr gut lindern. Verzichten Sie auf gesüßte Konserven und wählen Sie reife, kleine Früchte aus.

MANDELMILCH

750 ml

4 Std.
10 Min.

Leicht

Zutaten

200 g geschälte Mandeln
2 l kaltes Wasser zum Einweichen
750 ml Wasser
Zimt, Agavendicksaft n. B.

Sie benötigen:
Standmixer, feines Sieb und Mulltuch, Glasflasche

Nährwerte p. P.

1277 kcal
14 g Kohlenhydrate
112 g Fett
42 g Eiweiß

1 Die Mandeln mit 2 l Wasser abgedeckt 4 Std., besser über Nacht, einweichen lassen.

2 Am nächsten Tag das Wasser abgießen, die Mandeln im Mixer sehr fein pürieren. 750 ml Wasser (nach Belieben auch mehr oder weniger) aufgießen und noch einmal gründlich durchmixen, dabei nach Belieben Zimt oder Süßungsmittel dazugeben.

3 Das Sieb mit dem Mulltuch auslegen, über einer Schüssel das Mandelmus darauf abgießen und das Tuch fest zusammendrehen. So lange auspressen, bis keine Flüssigkeit mehr austritt. Das fast trockene Mandelmehl für andere Rezepte verwenden (siehe Kapitel "Knabberkram, Aufstriche und Dips").

4 Füllen Sie die Mandelmilch in eine Glasflasche und stellen Sie sie kalt. Im Kühlschrank ist die Milch so ca. 3-4 Tage haltbar.

Tipp: Mandelmilch ist eine schonende pflanzliche Alternative zu Kuhmilch und sehr einfach selbst herzustellen. Auch aus Cashews, Haselnüssen und anderen Nüssen lassen sich so pflanzliche Milchvarianten herstellen. Im Vergleich zu Vollmilch hat die Mandel- oder Nussmilch einen geringeren Anteil an Fett und Kohlehydraten.
Achten Sie bitte beim Einkauf auch hier auf gute, biologisch und möglichst nachhaltig angebaute Zutaten.
Als Getränk pur oder als Zutat zu Süßspeisen, Gebäck und Soßen genießen.

KOKOSWASSER-ANANAS-DRINK

 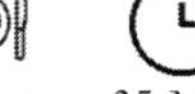 

2 Port. 35 Min. Leicht

Zutaten

1 Limette (alternativ Zitrone)
Eiswürfel
200 ml Ananassaft (Direktsaft)
280 ml Kokoswasser
2 TL Agavendicksaft oder Honig
1 Scheibe frische Ananas
1 Zweig Zitronenmelisse

Sie benötigen:
Cocktailgläser, Trinkhalme

Nährwerte p. P.

76 kcal
16 g Kohlenhydrate
1 g Fett
1 g Eiweiß

1 Die Limette auspressen. Eiswürfel auf die Gläser verteilen, mit dem Limettensaft übergießen. Ananassaft und Kokoswasser darüber gießen, nach Belieben mit Agavendicksaft süßen und gut umrühren.

2 Die Ananasscheibe halbieren und an den Rand der Gläser stecken, mit je ½ Zweig Zitronenmelisse garnieren und mit Trinkhalm servieren.

3 Dazu passen Kokoschips als kleine Knabberei.

PAPAYA-WILDKRÄUTER-COCKTAIL

2 Port.

10 Min.

Leicht

Zutaten

100 g frische Wildkräuter (Löwenzahn, Brennnessel, Sauerampfer, Kerbel)
1 mittelgroße Papaya (ca. 400 g)
1 mittelgroße Birne
2 EL Limettensaft (alternativ Blutorangensaft)
250 ml stilles Mineralwasser
8 Eiswürfel
2 kleine Zweige Zitronenmelisse

Sie benötigen:
Standmixer, Cocktailgläser, Holzspießchen, Trinkhalme

Nährwerte p. P.

130 kcal
25 g Kohlenhydrate
1 g Fett
3 g Eiweiß

1 Die Wildkräuter kalt abbrausen und trockenschütteln. Die Papaya schälen, entkernen und vom Fruchtfleisch 200 g abwiegen. Die Birne waschen, vierteln und das Kerngehäuse entfernen. Früchte und Kräuter grob geschnitten in den Mixer geben, mit Limettensaft und Mineralwasser aufgießen und sehr fein pürieren. Bei Bedarf noch etwas Wasser zugeben.

2 Die Gläser mit Eiswürfeln füllen und den Drink darüber gießen, mit Zitronenmelisse garnieren.

3 Aus dem restlichen Papayafruchtfleisch mundgerechte Würfel schneiden, auf Holzspießchen ziehen und quer über das Glas legen.

MANGO-TRAUM

2 Port. 10 Min. Leicht

Zutaten

1 reife Mango
2 EL Zitronensaft
125 ml Kokosmilch
4 EL Kokosraspel
2 EL Crushed Ice

Sie benötigen:
Standmixer oder Pürierstab, Cocktailgläser, Trinkhalme

Nährwerte p. P.

290 kcal
18 g Kohlenhydrate
22 g Fett
3 g Eiweiß

1 Erwärmen Sie die Kokosmilch mit den Kokosraspeln in einem Topf lauwarm.

2 Die Mango schälen, kleinschneiden und mit dem Zitronensaft im Mixer fein pürieren. Die Kokosmilch dazu gießen, nochmals kräftig durchmixen.

3 Füllen Sie 2 Gläser zur Hälfte mit Crushed Ice und seihen Sie den Mangodrink durch ein Sieb darüber ab.

Aufstriche und Dips

GRÜNKERN-AUFSTRICH

8 Port.

15 Min.

Leicht

Zutaten

200 g Grünkernschrot (siehe Tipp)
500 ml Gemüsebrühe
2 mittelgroße Möhren
1 mittelgroße Zwiebel
30 g Hefeflocken
Pfeffer n. B.
½ TL Paprikapulver, edelsüß
3–4 Blätter Basilikum

Sie benötigen:
Schraubdeckelglas

Nährwerte p. P.

108 kcal
17 g Kohlenhydrate
1 g Fett
6 g Eiweiß

1 Den Grünkernschrot in einem Sieb gut abbrausen, abtropfen lassen und im Topf mit der Gemüsebrühe aufkochen. Den Topf vom Herd nehmen, abdecken und ca. 10 Min. quellen lassen.

2 Die Möhren schälen und fein raspeln, die Zwiebel schälen und sehr fein hacken. Basilikumblätter in feine Streifchen schneiden oder hacken.

3 Schrot und Gemüse mit den Gewürzen und den Hefeflocken gut vermischen, abschmecken und in ein sauberes Schraubdeckelglas füllen. Im Kühlschrank lagern, es hält ca. 1 Woche.

Tipp: Grünkernschrot bekommen Sie im Handel bereits fertig, grob oder fein. Besitzen Sie eine Mühle, können Sie den Feinheitsgrad selbst bestimmen. Versuchen Sie für den Aufstrich eher einen feineren Mahlgrad, damit wird der Aufstrich streichfähiger.

MÖHREN-MANDEL-AUFSTRICH

 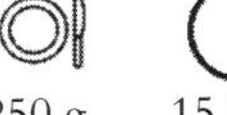 

250 g 15 Min. Leicht

Zutaten

200 g Möhren
1 EL Olivenöl
50 ml Gemüsebrühe
1 Knoblauchzehe
20 g Mandeln, gemahlen (oder Reste von Mandelmilchherstellung)
2 Walnüsse
1 TL Zitronensaft
Salz, Pfeffer, Chiliflocken, Kreuzkümmel n. B.
1 TL gemischte Kräuter

Sie benötigen:
Blitzhacker oder Pürierstab, Schraubdeckelglas

Nährwerte p. P.

397 kcal
14 g Kohlenhydrate
32 g Fett
8 g Eiweiß

1 Die Möhren waschen, schälen und in kleine Würfel schneiden. In einer Pfanne das Olivenöl erhitzen, die Möhren zugeben und kurz andünsten. Mit Gemüsebrühe ablöschen und abgedeckt bei niedriger Hitze 5 Min. garen.

2 Die Knoblauchzehe schälen und durch die Presse drücken, mit den Gewürzen und dem Zitronensaft mischen.

3 Die gegarten Möhren in einem Sieb abgießen, die Brühe dabei auffangen.

4 Alle Zutaten bis auf die Kräuter in den Blitzhacker oder ein geeignetes Gefäß geben und zu einer cremigen Paste pürieren. Bei Bedarf noch etwas Gemüsebrühe zugeben, die Kräuter unterrühren und den Aufstrich in ein sauberes Glas abfüllen. Im Kühlschrank aufbewahren.

VEGANER KÄSEDIP

 6 Port.
 30 Min.
 Leicht

Zutaten

500 g Hokkaidokürbis (alternativ Kartoffeln und Möhren im Verhältnis 50:50)
2 Knoblauchzehen
5–6 EL Hefeflocken
1 TL Salz
½ TL Pfeffer
1 Prise Kreuzkümmel
½ TL Chiliflocken n. B.
500 ml Wasser

Sie benötigen:
Standmixer oder Pürierstab

Nährwerte p. P.

83 kcal
12 g Kohlenhydrate
1 g Fett
6 g Eiweiß

1 Den Kürbis waschen und von Kernen befreien, in ca. 1 cm große Würfel schneiden (alternativ: Kartoffeln und Möhren schälen und in Stücke schneiden). Mit dem Wasser aufkochen und bei mittlerer Hitze ca. 15 Min. weich kochen. Das Kochwasser abgießen, dabei ca. 200 ml auffangen.

2 Den weichen Kürbis im Standmixer oder einem geeigneten Gefäß mit den anderen Zutaten und 200 ml Kürbiswasser gründlich mixen, bis eine stückchenfreie, cremige Soße entsteht.

3 In Portionsschalen abfüllen, mit Gemüsesticks oder Crackern servieren oder zu Nudeln und in Aufläufen verwenden.

SESAM-KICHERERBSEN-CREME

200 g

10 Min.

Leicht

Zutaten

50 g Sesamsamen, hell
120 g gekochte Kichererbsen (Glas oder Dose), abgetropft
1 Knoblauchzehe
100 ml Olivenöl
1 TL Salz
2 rote Peperoni
1 TL Kreuzkümmel

Sie benötigen:
Blitzhacker

Nährwerte p. P.

1347 kcal
25 g Kohlenhydrate
128 g Fett
18 g Eiweiß

1 In einer Pfanne den Sesam ohne Zugabe von Fett trocken rösten, bis er duftet und goldbraun ist. In den Behälter des Blitzhackers umfüllen.

2 Knoblauch schälen und in kleine Würfel schneiden. Die Peperoni grob hacken. Falls Sie die Kerne nicht verwenden wollen (Schärfegrad), die Schoten zunächst halbieren, die Kerne entfernen und dann die Schoten hacken.

3 Alle Zutaten zum Sesam in den Blitzhacker geben und zu einer feinen Creme pürieren, in ein Schraubglas abfüllen.

Tipp: Diese Creme eignet sich toll als Brotaufstrich, zum Dippen mit Gemüse oder als Topping auf Suppe.

(KICHERERBSENCREME MIT TAHINI)

HUMMUS

4 Port. 10 Min. Leicht

Zutaten

270 g gekochte Kichererbsen (1 Glas oder Dose)
2 Knoblauchzehen
1 Zitrone
100 ml sehr kaltes Wasser
50 ml Kichererbsenwasser
Je ½ TL Salz und Kreuzkümmel
120 g Tahini (Sesammus), siehe Tipp
1 EL Olivenöl
1 EL gehackte Petersilie oder Koriander

Sie benötigen:
Standmixer

Nährwerte p. P.

298 kcal
13 g Kohlenhydrate
22 g Fett
12 g Eiweiß

1 Die Kichererbsen in einem Sieb abtropfen lassen, dabei das Wasser auffangen und 50 ml davon abmessen.

2 Knoblauch schälen, Zitrone auspressen. Den Saft mit dem Knoblauch in den Mixer geben, ½ TL Salz zufügen und kräftig durchmixen.

3 Das Sesammus in den Mixer geben und auf höchster Stufe weitermixen, dabei langsam das Kichererbsenwasser und das eiskalte Wasser einlaufen lassen. Mixen Sie so lange, bis eine helle, feine Creme entstanden ist.

4 Zuletzt die abgetropften Kichererbsen, 1 EL Olivenöl und den Kreuzkümmel dazugeben, alles mindestens 3 Min. mixen, bei Bedarf anhaftende Stückchen mit dem Spatel zur Creme schaben.

5 Ist die Masse einheitlich cremig und hell, schmecken Sie sie mit Salz, Zitronensaft und evtl. Kreuzkümmel ab und füllen sie in eine Schale oder ein Schraubglas. Ist die Creme zu dick geworden, fügen Sie einfach noch etwas kaltes Wasser hinzu. Mit gehackter Petersilie oder Koriander bestreut servieren.

Tipp: Hummus ist DER Tipp für einen leckeren Dip – gesund, basisch und suchtgefährdend! Probieren Sie Gemüsesticks, Cracker oder Fladenbrot dazu oder verwenden Sie die köstliche Creme als Zutat zu Salatsoßen oder Gemüsegerichten.
Im Kühlschrank aufbewahrt hält sich die Creme ca. 3–5 Tage.

MANDEL-BASILIKUM-AUFSTRICH

150 g

10 Min.

Leicht

Zutaten

25 g Mandeln, gehackt (oder Reste aus Mandelmilch-Herstellung)
100 g gekochte Kichererbsen (Glas oder Dose)
3 Stängel Basilikum
½ Zitrone
3 EL Olivenöl
Salz, Pfeffer, Kreuzkümmel n. B.

Sie benötigen:
Blitzhacker

Nährwerte p. P.

1347 kcal
25 g Kohlenhydrate
128 g Fett
18 g Eiweiß

1 In einer Pfanne die gehackten Mandeln ohne Zugabe von Fett trocken rösten, bis sie duften und ganz leicht bräunen. In den Behälter des Blitzhackers umfüllen. Kichererbsen abtropfen lassen.

2 Die Zitrone auspressen, Basilikum waschen, auf Küchenpapier trockentupfen und die Blätter von den Stängeln zupfen. Saft mit Basilikum, Öl und den Kichererbsen ebenfalls in den Blitzhacker geben und alles zu einer schönen Creme mixen. Salz, Pfeffer und Kreuzkümmel nach Geschmack dazugeben und in ein sauberes Schraubglas abfüllen. Im Kühlschrank aufbewahrt hält sich der Aufstrich ca. 1 Woche.

SELLERIE-CREME

4 Port.

35 Min.

Leicht

Zutaten

300 g Knollensellerie mit Grün
1 Schalotte (alternativ 50 g Zwiebel)
1 EL Pflanzenmargarine oder Öl
2 EL Zitronensaft
150 ml Wasser
100 g Hüttenkäse
Salz, Pfeffer n. B.
1 Stängel glatte Petersilie

Sie benötigen:
Blitzhacker oder Pürierstab

Nährwerte p. P.

274 kcal
3 g Kohlenhydrate
26 g Fett
5 g Eiweiß

1 Die Sellerieknolle schälen, waschen und in grobe Würfel schneiden. Das Grün für später aufbewahren. Schalotte bzw. Zwiebel schälen und fein würfeln.

2 In einem Topf das Öl bzw. die Margarine erhitzen, die Zwiebelwürfel darin glasig anschwitzen und den Sellerie dazugeben. Mit 1 EL Zitronensaft und 150 ml Wasser ablöschen und zugedeckt bei niedriger Hitze ca. 15 Min. garen.

3 Den Sellerie mit dem Pürierstab oder im Blitzhacker mit der Flüssigkeit fein pürieren und abkühlen lassen.

4 Das Selleriegrün und die Petersilie waschen, trockenschütteln und die Blätter abzupfen und hacken.

5 Den Hüttenkäse mit dem Selleriepüree gut vermischen, mit dem restlichen Zitronensaft, Salz und Pfeffer würzig abschmecken. Das gehackte Selleriegrün unter die Creme mischen und mit Petersilie garniert servieren.

Tipp: Sellerie beruhigt einen gereizten Magen durch seine Vielzahl an ätherischen Ölen, regt die Verdauung an und kommt als leckerer Aufstrich zu Vollkornbrot als vollwertiger Ersatz zu Wurst und Käse daher!

FRÜHSTÜCKSCREME MIT BANANEN UND MANDELN

150 g

10 Min.

Leicht

Zutaten

1 reife Banane
4 EL gemahlene Mandeln (oder Reste von Mandelmilchherstellung)
1 TL Honig
1 EL Zitronensaft
1 Prise Salz
1 Msp Zimt

Sie benötigen:
Blitzhacker oder Pürierstab

Nährwerte p. P.

368 kcal
40 g Kohlenhydrate
18 g Fett
8 g Eiweiß

1 Die geschälte Banane in Stücke schneiden, mit den Mandeln und den restlichen Zutaten im Blitzhacker oder mit dem Pürierstab zu einer feinen Creme durchmixen.

2 In ein sauberes Schraubglas abfüllen und kalt stellen.

Tipp: Dieser leckere Aufstrich schmeckt nicht nur zum Frühstück, auch Desserts und Gebäck lassen sich damit verfeinern. Da er nur begrenzt haltbar ist, bitte möglichst frisch zubereiten und rasch verbrauchen.

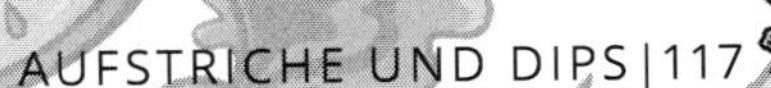